杭州优秀传统文化丛书

Hangzhou Youxiu Chuantong Wenhua Congshu

人间始觉重西湖

考拉看看 —— 编著

江南 刘梦琴 —— 执笔

杭州出版社

图书在版编目（CIP）数据

人间始觉重西湖 / 考拉看看编著；江南，刘梦琴执笔. -- 杭州：杭州出版社，2022.8
（杭州优秀传统文化丛书）
ISBN 978-7-5565-1678-0

Ⅰ.①人… Ⅱ.①考… ②江… ③刘… Ⅲ.①历史人物—生平事迹—中国—古代 Ⅳ.① K820.2

中国版本图书馆 CIP 数据核字（2022）第 004140 号

Renjian Shi Jue Zhong Xihu

人间始觉重西湖

考拉看看/编著　江　南　刘梦琴/执笔

责任编辑	李竹月
装帧设计	祁睿一　李轶军
美术编辑	祁睿一
责任校对	萧　燕
责任印务	屈　皓
出版发行	杭州出版社（杭州西湖文化广场32号6楼） 电话：0571-87997719　邮编：310014 网址：www.hzcbs.com
排　版	浙江时代出版服务有限公司
印　刷	天津画中画印刷有限公司
经　销	新华书店
开　本	710 mm × 1000 mm　1/16
印　张	17.25
字　数	212千
版印次	2022年8月第1版　2022年8月第1次印刷
书　号	ISBN 978-7-5565-1678-0
定　价	58.00元

（版权所有　侵权必究）

序言

文化是城市最高和最终的价值

我们所居住的城市，不仅是人类文明的成果，也是人们日常生活的家园。各个时期的文化遗产像一部部史书，记录着城市的沧桑岁月。唯有保留下这些具有特殊意义的文化遗产，才能使我们今后的文化创造具有不间断的基础支撑，也才能使我们今天和未来的生活更美好。

对于中华文明的认知，我们还处在一个不断提升认识的过程中。

过去，人们把中华文化理解成"黄河文化""黄土地文化"。随着考古新发现和学界对中华文明起源研究的深入，人们发现，除了黄河文化之外，长江文化也是中华文化的重要源头。杭州是中国七大古都之一，也是七大古都中最南方的历史文化名城。杭州历时四年，出版一套"杭州优秀传统文化丛书"，挖掘和传播位于长江流域、中国最南方的古都文化经典，这是弘扬中华优秀传统文化的善举。通过图书这一载体，人们能够静静地品味古代流传下来的丰富文化，完善自己对山水、遗迹、书画、辞章、工艺、风俗、名人等文化类型的认知。读过相关的书后，再走进博物馆或观赏文化景观，看到的历史遗存，将是另一番面貌。

过去一直有人在质疑，中国只有三千年文明，何谈五千年文明史？事实上，我们的考古学家和历史学者一直在努力，不断发掘的有如满天星斗般的考古成果，实证了五千年文明。从东北的辽河流域到黄河、长江流域，特别是杭州良渚古城遗址以距今5300—4300年的历史，以夯土高台、合围城墙以及规模宏大的水利工程等史前遗迹的发现，系统实证了古国的概念和文明的诞生，使世人确信：这里是古代国家的起源，是重要的文明发祥地。我以前从来不发微博，发的第一篇微博，就是关于良渚古城遗址的内容，喜获很高的关注度。

我一直关注各地对文化遗产的保护情况。第一次去良渚遗址时，当时正在开展考古遗址保护规划的制订，遇到的最大难题是遗址区域内有很多乡镇企业和临时建筑，环境保护问题十分突出。后来再去良渚遗址，让我感到一次次震撼：那些"压"在遗址上面的单位和建筑物相继被迁移和清理，良渚遗址成为一座国家级考古遗址公园，成为让参观者流连忘返的地方，把深埋在地下的考古遗址用生动形象的"语言"展示出来，成为让普通观众能够看懂、让青少年学生也能喜欢上的中华文明圣地。当年杭州提出西湖申报世界文化遗产时，我认为这是一项需要付出极大努力才能完成的任务。西湖位于蓬勃发展的大城市核心区域，西湖的特色是"三面云山一面城"，三面云山内不能出现任何侵害西湖文化景观的新建筑，做得到吗？十年申遗路，杭州市付出了极大的努力，今天无论是漫步苏堤、白堤，还是荡舟西湖里，都看不到任何一座不和谐的建筑，杭州做到了，西湖成功了。伴随着西湖申报世界文化遗产，杭州城市发展也坚定不移地从"西湖时代"迈向了"钱塘江时代"，气势磅礴地建起了杭州新城。

从文化景观到历史街区，从文物古迹到地方民居，众多文化遗产都是形成一座城市记忆的历史物证，也是一座城市文化价值的体现。杭州为了把地方传统文化这个大概念，变成一个社会民众易于掌握的清晰认识，将这套丛书概括为城史文化、山水文化、遗迹文化、辞章文化、艺术文化、工艺文化、风俗文化、起居文化、名人文化和思想文化十个系列。尽管这种概括还有可以探讨的地方，但也可以看作是一种务实之举，使市民百姓对地域文化的理解，有一个清晰完整、好读好记的载体。

传统文化和文化传统不是一个概念。传统文化背后蕴含的那些精神价值，才是文化传统。文化传统需要经过学者的研究提炼，将具有传承意义的传统文化提炼成文化传统。杭州与丛书作者在创作方面作了种种古为今用、古今观照的探讨交流，还专门增加了"思想文化系列"，从杭州古代的商业理念、中医思想、教育观念、科技精神等方面，集中挖掘提炼产生于杭州古城历史中灵魂性的文化精粹。这样的安排，是对传统文化内容把握和传播方式的理性思考。

继承传统文化，有一个继承什么和怎样继承的问题。传统文化是百年乃至千年以前的历史遗存，这些遗存的价值，有的已经被现代社会抛弃，也有的需要在新的历史条件下适当转化，唯有把传统文化中这些永恒的基本价值继承下来，才能构成当代社会的文化基石和精神营养。这套丛书定位在"优秀传统文化"上，显然是注意到了这个问题的重要性。在尊重作者写作风格、梳理和讲好"杭州故事"的同时，通过系列专家组、文艺评论组、综合评审组和编辑部、编委会多层面研读，和作者虚心交流，努力去粗取精，古为今用，这种对文化建设工作的敬畏和温情，值得推崇。

人民群众才是传统文化的真正主人。百年以来，中华传统文化受到过几次大的冲击。弘扬优秀传统文化，需要文化人士投身其中，但唯有让大众乐于接受传统文化，文化人士的所有努力才有最终价值。有人说我爱讲"段子"，其实我是在讲故事，希望用生动的语言争取听众。今天我们更重要的使命，是把历史文化前世今生的故事讲给大家听，告诉人们古代文化与现实生活的关系。这套丛书为了达到"轻阅读、易传播"的效果，一改以文史专家为主作为写作团队的习惯做法，邀请省内外作家担任主创团队，组织文史专家、文艺评论家协助把关建言，用历史故事带出传统文化，以细腻的对话和情节蕴含文化传统，辅以音视频等其他传播方式，不失为让传统文化走进千家万户的有益尝试。

中华文化是建立于不同区域文化特质基础之上的。作为中国的文化古都，杭州文化传统中有很多中华文化的典型特征，例如，中国人的自然观主张"天人合一"，相信"人与天地万物为一体"。在古代杭州老百姓的认知里，由于生活在自然天成的山水美景中，由于风调雨顺带来了富庶江南，勤于劳作又使杭州人得以"有闲"，人们较早对自然生态有了独特的敬畏和珍爱的态度。他们爱惜自然之力，善于农作物轮作，注意让生产资料休养生息；珍惜生态之力，精于探索自然天成的生活方式，在烹饪、茶饮、中医、养生等方面做到了天人相通；怜惜劳作之力，长于边劳动、边休闲娱乐和进行民俗、艺术创作，做到生产和生活的和谐统一。如果说"天人合一"是古代思想家们的哲学信仰，那么"亲近山水，讲求品赏"，应该是古代杭州人的生动实践，并成为影响后世的生活理念。

再如，中华文化的另一个特点是不远征、不排外，这体现了它的包容性。儒学对佛学的包容态度也说明了这一点，对来自远方的思想能够宽容接纳。在我们国家的东西南北甚至是偏远地区，老百姓的好客和包容也司空见惯，对异风异俗有一种欣赏的态度。杭州自古以来气候温润、山水秀美的自然条件，以及交通便利、商贾云集的经济优势，使其成为一个人口流动频繁的城市。历史上经历的"永嘉之乱，衣冠南渡"，"安史之乱，流民南移"，特别是"靖康之变，宋廷南迁"，这三次北方人口大迁移，使杭州人对外来文化的包容度较高。自古以来，吴越文化、南宋文化和北方移民文化的浸润，特别是唐宋以后各地商人、各大商帮在杭州的聚集和活动，给杭州商业文化的发展提供了丰富营养，使杭州人既留恋杭州的好山好水，又能用一种相对超脱的眼光，关注和包容家乡之外的社会万象。这种古都文化，也代表了中华文化的包容性特征。

城市文化保护与城市对外开放并不矛盾，反而相辅相成。古今中外的城市，凡是能够吸引人们关注的，都得益于与其他文化的碰撞和交流。现代城市要在对外交往的发展中，进行长期和持久的文化再造，并在再造中创造新的文化。杭州这套丛书，在尽数杭州各色传统文化经典时，有心安排了"古代杭州与国内城市的交往""古代杭州和国外城市的交往"两个选题,一个自古开放的城市形象,就在其中。

"杭州优秀传统文化丛书"团队在传统和现代的结合上,想了很多办法,做了很多努力。传统文化丛书要得到广大读者接受,不是件简单的事。我们已经走在现代化的路上,传统和现代的融合,不容易做好,需要扎扎实实地做,也需要非凡的创造力。因为,文化是城市功能的最高价值,也是城市功能的最终价值。从"功能城市"走向"文化城市",就是这种质的飞跃的核心理念与终极目标。

2020 年 9 月

(单霁翔,中国文物学会会长)

西湖图（局部）

目 录

001　引　言

第一章
003　伍子胥：与杭州的不解之缘

第二章
023　岳飞：青山有幸埋忠骨

第三章
067　牛皋：不识时务的辅文侯

第四章
091　张宪：宁死也不诬陷岳飞

第五章
113　施全：为天下人行大义

第六章
129　陈文龙：用生命捍卫气节

第七章
151　文天祥：皋亭抗元，宁死不屈

第八章
175　于谦：身不在杭心在杭

第九章
197　张煌言：与清斗争的二十年

第十章
219　葛云飞：胜利无望也要拼死抵抗

第十一章
237　秋瑾：辛亥革命中的女杰

引 言

杭州是国人心中当之无愧的人间天堂，是北宋词人柳永口中的"东南形胜，三吴都会"。

在今天杭州这般繁荣昌盛的背后，有着一个个静立于西子湖畔的忠勇身影。他们曾是征战沙场的英雄，曾是为国捐躯的忠烈，他们或生于杭州，或葬于杭州……这些数不尽的英雄忠烈，令本就傲然立于中国版图的杭州，更添气节与精神，进而在中华民族数千年的历史上大放异彩。

杭州，有着数不清的英雄传奇，纵使其中一些故事久远到无法得知细节，那些人物与事迹依然为我们所称道，历久弥新。岳飞、文天祥、牛皋……这些令杭城人如数家珍的英雄忠烈，他们的言行举止都蕴含着中华民族的爱国主义精神和忠贞不屈的品质。千百年来，这样的精神也持续鼓舞着全世界的中国人，令他们自豪，令他们骄傲。

这些不平凡的人物又是如此平凡。除去如伍子胥这般的王公大臣，岳飞这般具有杰出军事才能的高级将领，还有来自穷苦百姓家的平民，身体羸弱的文人，以及长在深院的闺秀。明朝的小御史于谦因一场急如雷雨的"痛骂"得到明宣宗朱瞻基的青睐，他没有因此而沾沾自喜，而是更加兢兢业业地为百姓权益奔走，为自己的理想奋斗。最终，就是这位被众多奸佞嫉恨的纯臣，用他瘦削的肩膀挑起了保卫京师的重担，夺取了京师保卫战的最终胜利，挽救了明朝的危局。本是深闺千金的秋瑾，在国家大义面前，毅然抛却自己的世俗身份，为解放女性奔走，为国家独立斗争，最终实现了自己"愿将生命作牺牲"的誓言……

他们的精神是杭州人文历史的一部分，更体现了整个中华民族的风范。一个城市若没有人才，终会落后于时代；一个国家若没有英雄，亦会趋向颓败。正是因为这般勇而多谋，不畏牺牲的精神存在，中华民族才能始终屹立于世界民族之林。

习近平总书记说："祖国是人民最坚实的依靠，英雄是民族最闪亮的坐标。歌唱祖国、礼赞英雄从来都是文艺创作的永恒主题，也是最动人的篇章。……对中华民族的英雄，要心怀崇敬，浓墨重彩记录英雄、塑造英雄，让英雄在文艺作品中得到传扬，引导人民树立正确的历史观、民族观、国家观、文化观，绝不做亵渎祖先、亵渎经典、亵渎英雄的事情。"[①]

因此，我们梳理了伍子胥、岳飞、于谦、秋瑾等人的英雄事迹，选择用笔去还原他们气冲霄汉的悲壮人生。期望能与读者一道领略他们的风采，与这些相距百年甚至千年的英雄对话，走进杭城的精神内核，传播杭州的优秀传统文化！

---

① 习近平：《在中国文联十大、中国作协九大开幕式上的讲话》，新华社，2016年11月30日。

第一章

伍子胥：与杭州的不解之缘

逃离楚国，又到吴国，一路流亡

当西施、勾践、夫差、范蠡……这些人物齐聚一堂时，你会不由自主地想起春秋时期吴越两国的纠葛。那时，吴越的分界在今天嘉兴桐乡一带，后来，这条分界线因战争而不断变化，直到夫差伐越时，这条分界线已经被推到了钱塘江边。

春秋时期，杭州先属于越国，后来属于吴国，勾践灭吴后，又再次属于越国。吴越之战中除了勾践与夫差这两个主角，还有一位不得不说的英雄忠烈——伍子胥。

伍子胥帮助吴国成就了霸业，他一心为国，最终却败给小人的谗言。他死后，吴国百姓为了纪念他，在吴山上修建了伍公庙。因为杭州特殊的地形，年年潮水来犯，人们认为这是因伍子胥含冤而死，愤而化为潮神来人间讨公道。于是，他们奉伍子胥为潮神，修建潮神庙，年年祭祀。久而久之，祭潮神竟成了杭州的官方祭祀项目，历代传承。

不光如此，杭州本地还有很多与伍子胥有关的地名。

杭州建德市乾潭镇境西北和桐庐县（过去为分水县）交界处有一山岭，高耸连绵，名叫胥岭；胥岭脚下就是子胥溪，溪水东流三十里后注入建德江，北岸有一个渡口，是子胥渡。甚至还有胥岭村、胥江村、胥口等村落，这都是以伍子胥事迹或传说命名的。

或许伍子胥并未到过建德，但他与杭州的不解之缘却早在他逃离楚国时就已结下。

楚昭王十年（前506），郢都。

城外杀声震天，但一道道军报递入楚国王宫，都像石沉大海，没了音讯。王宫内，本该坐镇正殿指挥大局的楚昭王，其实早就收拾好包袱跑路了。没了主心骨的郢都好比是张一捅就破的纸，眨眼的工夫就被吴国军队攻破。

骑兵勒马，为首的那人黑面长髯，手提长剑，正是几十年前从郢都逃出的伍子胥。他盯着王宫的方向，眼中的仇恨不加掩饰地流露出来，愤恨地想：楚平王，没想到吧，我伍员回来了！就算你死了，楚国也要为你当年的所作所为付出代价！

此次伍子胥就是为报仇而来，他看着这王宫，想的却是往事……

伍子胥的父亲伍奢，曾经是楚国太子建的太傅，而伍子胥本人也颇具才干，是楚国有名的青年才俊。然而，楚平王昏庸，因小人谗言就猜忌起太子建，而后殃及伍子胥一家。

那日楚平王将他的父亲软禁宫中，派人递话称，只要伍子胥与哥哥伍尚束手就擒，他们的父亲伍奢就能平安还家。

这种下等的陷阱当然不能糊弄伍子胥。然而，伍尚为人仁厚，不愿自己逃走，断了父亲的生路。伍子胥只好苦口婆心地劝说哥哥："楚平王召我们兄弟二人去王宫，根本不是要给父亲一条活路，而是唯恐留有后患，想要将我们赶尽杀绝。你我兄弟二人一旦进宫，只有引颈就戮的份。不如我们先逃出生天，投奔他国，来日借助别国的力量一雪前耻也未尝不可！"

伍尚将弟弟拉住自己的手甩开，坚持己见，喝声道："伍员，你逃命去吧，你留下还有机会报杀父之仇，我什么都不能干，只能安心就死。"

眼见逮捕他们的士兵就要破门而入，伍子胥迅速拿过架子上的长弓，挽弓搭箭对着门口，作势就要放箭。冲进门的士兵不料对方有武器傍身，纷纷犹豫不前。伍子胥左右环顾，趁他们分神，跳窗逃走了。同时，太子建得知伍奢下狱，知道自己必受牵连，当日就逃往了宋国。

伍子胥听说太子建已在宋国安定下来，决定投奔太子建，所以去了宋国。天有不测风云，他刚与太子建接上头，宋国就出现了内乱。

街上都是乱兵，宋国的百姓与臣子尚且没有安身立命之所，他们这两个外人的处境就更艰难了。伍子胥出去望风，发现情况不妙又折回来告诉太子建："外面乱得很，要不我们先离开宋国避避战火？"

太子建满面愁容，正在为命途多舛而感慨："现在去哪儿呢？说不定楚国正派兵四处捉拿我们，跟它交好

吴山伍公庙

的几个邻国也恨不得把我们捆了送到郢都邀功。"

伍子胥拍了拍他的肩膀，坚定的眼神中是不容置疑的自信："我们一定能东山再起！郑国历来态度中立，当下我们先去郑国。"

太子建与伍子胥到郑国后不久，为了游说晋顷公帮助他们攻打楚国，太子建又只身前往晋国。晋顷公可不是盏省油的灯，捞不着好处的事他绝不会干。他抓住太子建有求于他的机会，就开始撺掇对方做自己的间谍："帮你重返楚国的事先放在一边。太子建，听说郑定公很信任你，如果你愿意作为内应，帮助我攻打郑国，到时郑国被灭，我就将它封赏给你，你觉得这个买卖合算吗？"

如果伍子胥在这里，一定不会让太子建答应这种出力不讨好的事。但太子建厌倦了逃亡的生活，受不住诱惑就应下了这桩差事。

回到郑国的太子建没想到自己在晋国的一举一动都被监视了，就连答应做内应的事也被人告知了郑定公。刚回到住处，道路两旁埋伏好的士兵便蜂拥而上，将他擒住。

太子建被杀后，伍子胥只能再次逃亡。离开时，他也没忘带上太子建的儿子公子胜。虽然会增加负担，但伍子胥心中的道义不允许他丢弃旧主之子。接下来该何去何从？

一番衡量后，伍子胥选择逃往吴国，但他也陷入忧思：从郑国前往吴国，必须穿越楚国北部，这一段路相当凶险。太子建被杀而自己逃走的风声一定已经传到了楚国。为了抓住自己，楚平王必定会下令所有关口严加排查。一旦被人抓住，什么复仇大计都是一场镜花水月。

大仇得报，一雪前耻

日夜兼程地赶路，伍子胥和公子胜终于来到了最危险的关口——昭关。乔装改扮的伍子胥前去打探情况，发现关口的守卫果然正拿着画像一个一个地比对过往人群。

这可如何是好？伍子胥瞧了瞧公子胜，计上心来。楚平王只知道我只身逃走，可能还不知我带着公子胜，只要我俩扮成父子，未必不能蒙混过关。他的计划确实奏效，却也只骗过守卫一时。

没多久，守卫就回过味来，嘟囔道："刚才通过的两人还真是不像父子。父亲皮肤黝黑,身材魁梧,可是这孩子却白白嫩嫩……仔细想来,这父亲有点眼熟……"守卫转头大呼"不好",带兵穷追!

他俩刚过昭关没一会儿,身后追兵就追了上来。伍子胥回望远处追兵骑马腾起的烟尘,直拉着公子胜往江边跑。天无绝人之路,当他们徒步快跑到江岸边时,江上正有一名渔翁撑着小舟在捕鱼。

伍子胥大声呼喊,请求老翁助他们渡江。若是寻常人,见此情景,当是事不关己高高挂起,这名老翁却将小舟划过来,二话不说,载他们渡了江。下了船,伍子胥将腰间佩剑解下递上,道:"老丈,这剑价值百金,我愿将它献给你作为报答。"

这名老翁却摇摇头,也不伸手接,笑道:"按照告示,谁要是抓住伍员,就可以加官晋爵,光赏金就有五万石。只要将你拱手送给追兵,我得到的赏赐可比这宝剑多多了。既然载你过江,便不会贪图你的宝剑,请不必多言。"

伍子胥见他认出了自己,却还是助他们渡江,知他大义,也不再勉强,谢过之后就继续赶路。然而世事难料,还没到吴国,他俩的盘缠就用尽了。几个月来风餐露宿,伍子胥一向强健的身体也支撑不住,得了病,两人最后只得一路乞讨才到了吴国。

此时吴国境内,吴王僚执政,公子光只是个将军,但伍子胥却不看好吴王僚。他知道与残暴的吴王僚相比,野心勃勃又实力强大的公子光更可能助他复仇,所以当公子光向他伸出橄榄枝时,他欣然接受了。

公元前 516 年,楚平王病逝。公子轸继位,人称楚昭王。听到这个消息的伍子胥愤愤不平，楚平王没有死在自己手中，但他依然要向楚国复仇。复仇大计第一步便是送公子光上台。

他为刺客专诸写了封举荐信，将人与信一起交给了公子光。

楚昭王二年（前514），吴王僚本想趁楚平王刚死，政局不稳之时，袭击楚国，却因为精锐部队倾巢出动导致国内空虚，将后背留给了公子光。公子光抓住机会，命令专诸刺杀吴王僚。专诸手持鱼肠剑刺向吴王僚，吴王僚当场毙命。而后公子光自立为王，人称吴王阖闾。

荐人有功的伍子胥被赐官行人，有权与阖闾共商国是。他辅佐阖闾，承诺将一步步壮大吴国。阖闾也答应他，一旦时机成熟必定攻打楚国，助他复仇。

为了复仇之路更加平坦，伍子胥向阖闾建议开凿一段人工运河："此去楚国陆路交通多有不便，而我军更擅水性，如果能开挖一条运河，必定能凯旋。况且，吴地常年有水患，害得收成也不好，挖条运河，既能疏通漕运，也能缓解水患，还能便于灌溉……"

阖闾细想之下，感觉伍子胥言之有理，就把开挖人工运河的事全权交给伍子胥打理。不久之后，胥江挖掘完成，东面直通太湖，西面则引向长江。这下，吴国的水军可以利用这条水渠深入楚国腹地，直达巢湖。

决战的这一天终于来临了，伍子胥率领的吴国军队与楚国军队开始了一场你死我活的较量。由于紧靠胥江，借着便利，吴国水军这一路上五战五捷，很快就攻破了楚国的郢都。

楚昭王既已出逃，伍子胥就挖出楚平王的身躯鞭尸泄恨。在外逃亡多年，又在吴国经营数载，当年落魄的公子终于重回故国，一雪前耻。

吴王阖闾有了伍子胥的辅佐，又有了用兵如神的孙武加持，他统治下的吴国迅速强大了起来。向西攻克楚国，向北威震齐国与晋国，向南则收服了一向顽固的百越人，

伍子胥领兵复仇

可谓势如破竹。

吴阖闾十九年（前496），吴王阖闾准备讨伐越国，不料阵前却中了勾践的计，导致吴军在槜李一战中败北而归，阖闾本人的脚拇指也被越国大夫灵姑浮一戈削落。可能是感染了破伤风，阖闾竟然一病不起，眼见就要撒手人寰。

伍子胥听说阖闾召见他时心中已知不妙，大王的伤情他最清楚，此时怕是要交代身后事了。果然，当他进入阖闾的寝殿时，就看见床前坐着的太子夫差，一脸的愁容。伍子胥行了礼，便立在一旁不语，将不多的时间全交给了阖闾。榻上气息衰微的君王伸出手来，太子夫差立即跪下，扶住了父亲这只虚弱的手。

阖闾的声音有气无力，每说一个字都很艰难，他缓缓说道："夫差，我这就要去了，不甘心哪！你，你不要忘了给为父报仇！"

说完，他又将双眼转向伍子胥，说："伍员，你能当大任，寡人去后，你须尽心辅佐少君，治理吴国。寡人封你最高爵位——相国公，你不要辜负我。"

伍子胥百感交集，感激、不舍齐齐涌上心头。吴国助他复仇，阖闾更是难得的贤明君主。如今吴国正强盛，自己辅佐多年的明君竟要就此陨落了，他万分叹息。亲人早亡，自己与阖闾在君臣之外更有着出生入死的情分，阖闾在他心中的地位非常人能比，他悲痛不已。然而，面对只剩一口气的阖闾，他竟无话可说，只能满含热泪，低头答道："诺。"

阖闾松了手，最后一口气也用尽了。伍子胥瞧了眼在榻前泣不成声的夫差，心中暗下决心：大王，你放心，我一定好好辅佐他，早日给你报仇雪恨。我一定会让吴国继续强大，我们曾经商量好的宏图大业，你不在了，就由我带着太子去完成！

劝夫差杀勾践不成，国之将亡，不惜听令赴死

伍子胥是何等人物？他既然下定决心辅佐夫差，强盛吴国，为阖闾报仇，哪有不成的道理？

吴夫差二年（前494），夫差在夫椒击败越国后，攻入了越国都城会稽。终于，他为父亲阖闾报了仇。然而，一向与伍子胥亲密无间的夫差却因为一件事与他生出嫌隙。

这件事就是如何处置越王勾践。

被围会稽后，在文种的劝告下，勾践决定向吴国投降，入吴为臣。之所以接受这个提议，是因为勾践知道，在吴国为臣，他不会有性命之忧，文种已经花重金为勾践打点好一切，吴国会有人保住勾践的性命。

军帐内，夫差端坐首位，桌上的酒杯斟满美酒却没有饮用。伍子胥的酒桌就摆放在离夫差两米远的地方，此时，他正站着向夫差进言："大王，万万不可听信小人谗言，留勾践性命。勾践是假意投诚，如果留他性命，必定后患无穷。"

勾践投降，夫差立刻摆下庆功宴席。他的本意是想听些恭维的话，谁知道宴会刚开场就被伍子胥一通啰唆破坏了气氛。

伍子胥说了很多，却发现夫差始终面无表情，没有半分动摇。他痛心至极，一声饱含规劝之意的"大王三思"又喊出了口。

这次，夫差终于开口了，他一脸志得意满，笑着说："相国公不必过于忧心，勾践小儿如今是强弩之末，翻不起什么风浪。杀了他还不如答应他入吴为臣，让他整日看守先王陵墓，这难道不是更痛快？"

伍子胥还要开口，夫差却举起手来，掌心向外，一脸推拒地说："吾意已决，相国公不必多言。"

不管伍子胥如何反对，勾践还是入吴为臣了。在吴国，勾践表现得很恭顺。他每日粗茶淡饭，打扫庭院，看守陵墓，不像个一国之君，倒像是个做惯了这类粗活的杂役。勾践卓越的演技骗过了所有人，让夫差都以为他是真心臣服。

伍子胥一直密切关注勾践的动向，他绝不相信昔日设计阖闾的勾践会放弃反扑的机会。这日，伍子胥派去监视勾践的人又带回了新的报告。

报告内容无非是勾践每天的行为举止，但这些细节都没有逃过伍子胥的眼睛。他坐在榻上，听来人汇报，突然神色一变，问那人："又是两个素菜？"

"是，大人。勾践有机会吃肉，但是他从来不见荤腥。"

勾践此举引起了伍子胥的警觉。一个安分守己的杂役怎么会坚持两年每顿都是素菜，从不肯吃肉。这小子并非表面那么恭顺，他只是像毒蛇一样蛰伏在阴暗处，寻找机会给予吴国致命一击。

伍子胥站起身在屋里来回踱步，回想起当年阖闾托孤时的场景，越发下定决心要向夫差揭露勾践的真面目。他想："当初阖闾助我复仇，我就要遵守对他的承诺，助夫差强盛吴国。一直以来，我殚精竭虑，为的也是这个承诺。如今勾践狡猾，我不能眼睁睁看着夫差受人蒙蔽，做出危害吴国社稷的事来。"

其实勾践在吴国的这段日子，伍子胥已经三番五次向夫差进言，请求尽快杀掉勾践以绝后患，但夫差都没有同意。同时，夫差极为宠信的大臣伯嚭在背后收了越国的贿赂，屡次替勾践申辩，哄得夫差越发厌烦屡进忠言的伍子胥。

伍子胥正准备将收集的情报告诉夫差，打算晓之以理，动之以情，让夫差看清勾践的真面目，没想到他却先收到了夫差要放勾践回国的消息。

"什么？大王糊涂，竟然要放虎归山！"

伍子胥是一刻也等不了了。他穿戴好朝服，抱着哪怕惹怒君王也要进言的决心去了王宫。他面见夫差，重提对勾践的怀疑，再次请求夫差将勾践立刻处决。

老大人言辞激烈，怎么比得上伯嚭的连哄带骗好听？

这一次，伍子胥又败了，夫差对他的态度一落千丈，不仅申斥他以下犯上，还让他出使齐国。夫差正在气头上，怒道："你不是主张联合齐国吗？赶紧去齐国商议相关事宜，本王现在不想看见你。"

伍子胥悲痛欲绝，但君王交给他的任务仍要执行。谁知他前脚刚走，后脚伯嚭就在夫差面前说道："大王，子胥为人刚暴、寡恩。前日大王想要讨伐齐国,他非说不可。结果怎么着?大王坚持伐齐,所以才有了大功。他呢,大王屡次不采纳他的建议,说不定他会对大王生出怨恨,不可不防啊!"

这伯嚭是个十足的小人。他与伍子胥同样受楚王迫害,被吴国收留,可他却因贪图小利而收受越国贿赂。他如此行为,既忘了伍子胥对他的收留之恩,也忘了吴国对他的重用之恩。

身在齐国的伍子胥已经预见到吴国将要面对的悲剧。他将儿子叫到跟前,说:"我多次规劝大王,他始终不肯采纳我的意见。如今勾践返越,我已经看到了吴国的末日。但我着实不忍心看你陪葬吴国,索性就将你托付给了鲍牧,你就留在这里吧!"

虽然预感不祥,但伍子胥依然想要回到吴国与夫差共同面对,丝毫没有躲在齐国求平安的意思。只是没想到,这句嘱托竟成了他对儿子的最后一句话,成了临终遗言。

伯嚭得知伍子胥将儿子留在齐国的消息,准备拿这件事大做文章。伍子胥一回国,伯嚭就向夫差进言,诬告伍子胥想要谋反:"大王,他伍子胥就是要谋反,连儿子都留在了齐国,想必是已经和齐国串通一气要来害你!"

此时的夫差早已不复当年英勇,小人的谄媚让他迷失了自己,西施的美貌更是让他卸下了一国之君的职责。他相信了这种诬告。伍子胥百口莫辩,夫差对这位功勋卓著却屡次顶撞他的相国公也无半点信任。

吴夫差十二年(前484),夫差赐剑给伍子胥,令他自尽。伍子胥拿着宝剑，满心凄楚，心想："我扪心自问，多年来尽职尽忠，哪怕是位极人臣也从未以权谋私，没想到却换来这样的下场。"

尽管如此，面对君王的命令，伍子胥依然没有选择反抗，反而在死前都希望自己的话能够引起夫差的重视。他仰天长叹："唉！奸臣作乱，大王反而要我性命。我助吴国称霸诸侯，助大王为太子。大王你还说过要将这吴国分一半给我。我从不敢有这种妄想，反而自始至终都努力做好一个良臣。可如今大王竟然听信小人谗言要杀害我。大王啊大王，你不听我劝告，放勾践回国，早晚有一天你会后悔莫及！"

伍子胥交代家人在他死后将他的眼睛挖出，挂在都城的东城门上，他要亲眼看着越国灭了吴国。伍子胥已死，而夫差听闻他临终遗言，却没有丝毫警惕，反而大怒。他命人将伍子胥的尸首用鸱夷革裹着扔到钱塘江中泄愤。

越国攻进吴国时，伯嚭自以为居功甚伟，谄媚地跑到勾践面前邀功，换来的却是穿心一剑。伯嚭和伍子胥都是楚国贵族，又都受到吴国礼遇，死于君王之手，但他俩的死却是一个轻于鸿毛，一个重于泰山。

一代忠烈伍子胥就这样沉入钱塘江水中，然而死去的只是他的躯壳，他忠君直言，宁死不屈的精神却一直在人间流传，感染了一代又一代杭州人民。

在世代祭祀中封了神，他的精神延续至今

伍子胥死后，不听劝告的夫差果然带领吴国走向了灭亡。为了纪念忠肝义胆的伍子胥，吴国的百姓在临近钱塘江的吴山上修建了伍公庙，祭祀他的英魂。

伍公庙

　　钱塘江入海口喇叭口状的地形使得杭州在排水系统不健全的古代，十雨九涝。如果赶上汹涌的海潮，万亩良田顷刻间就会被淹没。水患和潮患成了百姓们夙夜忧心的灾害。渐渐地，有人传说海潮之所以如此凶猛，是因为伍子胥含冤而死后化为潮神，每年八月卷浪而来是为了讨个公道。

　　唐垂拱四年（688）盛夏，杭州连续下了一周的雨，加上又是潮汛期，钱塘江的水放肆地翻滚。江南巡抚大使狄仁杰站在钱塘江东岸，眉宇之间是写不尽的忧愁。他愁的不是杭州大水，而是杭州的庙。

　　狄仁杰下令将吴越地区那些旁门左道的庙宇祠堂一律捣毁。数月来，他拆掉了一千七百多所祭祀神鬼的庙宇。

　　上任之前，狄仁杰就听说吴越之地有很多神鬼传说和个人崇拜，百姓信以为真，导致民风恍惚，更有甚者被骗尽家财。当狄仁杰看到满江汹涌的波涛无人治理，而大大小小的庙祠中人满为患时，他又气又心急。于是他决定自己去看看，究竟为什么百姓对这些神鬼如此迷信。

他叫来仆人，轻声问道："你是杭州人，你告诉我杭州香火最旺的庙宇祠堂是哪一座。"

小厮不假思索地回答："那一定是吴山上的伍公庙。每年端午之后，有潮神伍子胥的庙会，尤其热闹！大人，你……"还没等他说完，狄仁杰就拿上雨伞冲出门去。小厮还在后面呼喊，他也不回头。

西湖东南的吴山在雨中朦朦胧胧，狄仁杰打马上山。他没想到即使是下雨天，伍公庙的大殿内依然人山人海，香烛的味道熏得人睁不开眼睛。他下令拆庙毁祠堂，就是为了不让百姓过度沉浸在神鬼传说和个人崇拜中。他没想到这些人居然无视他的禁令，堂而皇之地烧香朝拜。狄仁杰在马上看了许久，清清嗓子，正准备喊人拆庙，却听到后面小厮喊："大人，大人！"

狄仁杰下马等待小厮走近，他倒要看看小厮追了他一路是要说些什么。小厮跟着狄仁杰走到伍公庙背后的半山腰上，向下俯瞰，看见汹涌滚动的钱塘江水。

小厮手指向远处一片水汽朦胧的岸边，那里隐约有几条小船。他笑着说："大人，你看那里有个码头。"狄仁杰眯着眼睛顺着小厮所指方向看。小厮接着说："那里是吴山驿，而这座山叫吴山。我知道大人你非常不喜百姓聚众祭祀鬼神，但伍公庙可不一般，它是我们杭州必不可少的一部分。"

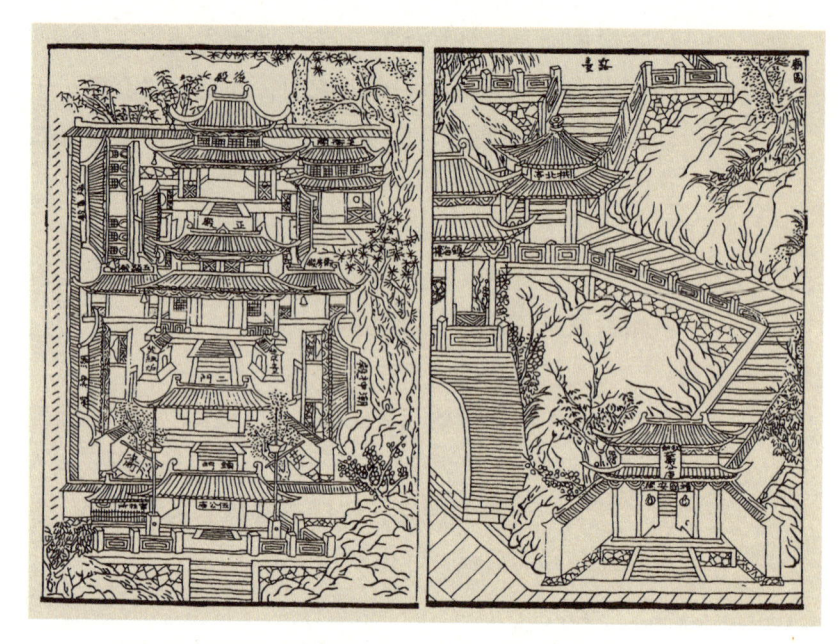

伍公庙　出自《吴山伍公庙志》[清光绪二年（1876）浙江书局刊本]

　　狄仁杰听他说着自己小时候是如何崇拜伍子胥的，又是如何因为听着这些故事长大，立志要做一个正直勇敢的人，更听到了杭州当地还有许多与伍子胥相关的传统。狄仁杰沉默良久，心想：看来整顿民间崇拜也不能一刀切，还要充分体察民情。

　　回到住处后，狄仁杰又辗转到市井中了解百姓们对寺庙的看法。最后，他正式下令，只为百姓们保留夏禹、吴太伯、季札、伍子胥四人的祠堂，其余寺庙全部捣毁。

　　不仅如此，狄仁杰还亲自到伍公庙进香参拜。曾经他以为百姓参拜伍子胥就是为了消灾纳福，但是他没想到，伍子胥已经成为杭州百姓的精神丰碑。

　　汉代王充在《论衡》中就有言论说，伍子胥心意难平，驱水为涛。但是如今狄仁杰觉得，伍子胥不仅掀起了钱塘江的潮水，还在百姓心目中掀起了大潮，掀起了忠义英勇的正义之潮。

几个月的清理，让原本迷信鬼神的江南风气清正了很多。而原本香火旺盛的伍公庙则在这次清理后，带上了官方认定的光环，更得杭州百姓信奉。

北宋时期，杭州潮患日渐严重。每年七八月因为潮患，农田颗粒无收，还有很多无辜的人丧命于潮水中。时任杭州知府的马亮实在看不下去了，他决定调动常驻杭州的士兵修筑堤坝。

这年盛夏，还没到海潮最凶猛的季节。钱塘江边满是一身戎装打扮的士兵，只是他们手中拿的不是兵器而是修筑海堤的工具。他们排列整齐，只等待知府马亮的一声令下，就要动手修筑海堤。

马亮此时却不在钱塘江旁，他携带许多祭祀用品出现在吴山的伍公庙内。海堤马上就要动工了，他特意赶来伍公庙烧香祷告，希望潮神伍子胥能够保佑一切顺利。伍公忠君为国，怎么舍得让无辜百姓受苦呢？只要我诚心祷告，之后的堤坝修筑工作一定能水到渠成。

祷告后，马亮带领所有士兵来到钱塘江边观测水势。只见本该汹涌的潮水退却数里，露出柔软连绵的泥沙。众人看见这一场景，纷纷奔走相告，心中对伍子胥充满了感激。不久，堤坝顺利竣工，钱塘江边的百姓又过上了风调雨顺的好日子。

到了南宋，宋理宗曾亲自来修理伍公庙，追封了伍子胥的父母、兄嫂，将伍公庙定为官方春秋两祭的对象。此后，祭奠潮神的官方传统代代相传，延续百年。

清朝，乾隆下江南时听说杭州当地祭祀伍子胥的传统已有千年，且伍子胥又是一位忠烈义士，于是，他派遣专员修葺了伍公庙，特定为江海潮神大庙。伍公庙修葺好后，乾隆站在伍子胥的塑像前，语重心长地说："生全孝，死全忠！"

自此，伍子胥在世代祭祀中正式封了神，他的事迹也在杭州当地广为流传。

在家族被楚国迫害后，又在宋、郑、晋等国接连碰壁。而后，伍子胥选择护着旧主太子建的儿子公子胜投靠吴国。在吴国阖闾的帮助下，他为父报仇。为报答吴王阖闾的恩情，他呕心沥血，一心辅佐吴王夫差，助他强盛吴国。可惜忠言逆耳敌不过阿谀奉承。伍子胥在伯嚭的逸言下被吴王夫差厌弃，最终以死谏君王，全了他对吴王的忠。

参考文献

〔汉〕司马迁：《史记·伍子胥列传》，岳麓书社，2018年。
〔汉〕司马迁：《史记·吴太伯世家》，岳麓书社，2018年。
〔宋〕欧阳修、〔宋〕宋祁：《新唐书·狄郝朱》，中华书局，1975年。
徐海：《伍子胥信仰中的灵验故事探析》，《苏州科技学院学报（社会科学版）》2016年第1期。

第二章

岳飞：青山有幸埋忠骨

召赴临安不成，平叛得"精忠岳飞"

西湖湖水波光荡漾，映照着历经先辈牺牲才争得的太平盛世，也映照着湖畔那个忠义仁孝的将军英魂。宋绍兴三年（1133），岳飞在杭州被宋高宗赵构召见，"帝手书'精忠岳飞'字，制旗以赐之"。宋绍兴十一年（1141）除夕，岳飞以"莫须有"罪名冤死于杭州狱中。宋绍兴三十二年（1162），岳飞遗体改葬西湖栖霞岭。杭州的青山绿水，也因有这名将军的存在，而变得熠熠生辉。

宋绍兴二年（1132）八月，无论白天黑夜，暑热似乎都不曾消散一点，可见梅雨光顾后的临安城算是正式入伏了。

头上艳阳高照，秦桧的心情却是阴云密布。他被金人放回南宋不过两年，就因为四处得罪人被罢免右相一职，贬到江州太平观做了个小小的观文殿学士。

一大早秦桧就收拾好行囊，准备出城。夜市刚歇，早市又热闹起来，秦桧就夹在这熙熙攘攘的人群中落寞赶路。曾有"若得水田三百亩，这番不做猢狲王"这般庸俗志向的他，回望了一眼身后的繁华，暗下决心，他的政治生涯绝不会就此结束！

在秦桧走后的第二年秋天，一名披坚执锐的武将带着一小队人马，受诏从秦桧出城的城门进了临安。

为首的那人腰佩宝剑，身穿铠甲，头盔上的红缨正随风飘扬。他身旁的几名小将坐在马上，将城内繁华尽收眼底，不禁在心中自豪起来：将士们在前线浴血奋战，换得了如今百姓们的安居乐业。值当！

这一小队人马的首领正是岳飞。历史就是这样的捉弄人，赵构前脚把秦桧踢出临安，并宣称"永不复用"，后脚就一纸诏书让岳飞来觐见。

赵构见到岳飞，脸上露出了笑意。他坐在上位，亲热地说："岳飞，你的忠勇我早有耳闻，本来今年春天我们君臣就该好好聊聊，奈何被吉、虔两州的叛乱耽搁了。"

虽然赵构一贯喜欢给自己找台阶下，但这话却是不假。今年春天，岳飞就被赵构"召赴行在"。结果岳飞刚走了一截儿，他这个官家又让他去吉、虔两州平叛。官家没有将岳飞召回临安的缘由合情合理，还是江西宣谕刘大中提出的："官家，岳飞的军队骁勇善战、军纪严明，有他坐镇的地方百姓们都格外安心，如今你把他召回临安，恐怕贼寇就会伺机而动。"

江西宣谕刘大中可是徽宗大观中赐上舍出身，曾任监察御史、江南东路宣谕史。他在职位上兢兢业业多年，从来不看权贵脸色，一心只有家国万民。虽然远在临安，还时不时跟着赵构四处奔波，但他对岳飞的战绩却十分

风雪岳王庙

了解，也很欣赏岳飞的为人。

赵构认为刘大中所言有理，立马又是一道诏书发给岳飞：你赶紧打道回府，平定吉、虔两州叛乱，临安就不用来了。

召岳飞赶赴行在的消息已经传遍各地，而赵构收回成命的第二道诏书还没送达。一听说岳飞要走，平时龟缩在吉、虔两州的贼人都认为这是上天赐予的好机会。他们当即举兵作乱，明目张胆地在梅、广、惠、英、韶等地劫掠财物。

那日天朗气清，营中杀声震天，士兵们正在操练。营帐内，岳飞看了看左手拿着的"赶赴临安"诏书，又看了看右手拿着的"平定吉、虔两州叛乱"诏书，哭笑不得。收起诏书，他火速将李山、吴全、吴锡、牛皋等人召集起来，商议平定吉、虔二州叛乱之事。

在岳家军狭小的营帐内，几个大汉围坐在桌旁，争得面红耳赤。

南宋初年聚集百姓抗金，今年才加入岳家军的牛皋率先向岳飞请命："将军，俺瞧那虔州固石洞贼窝就是一盘散沙，不足为惧。属下请战，只需一小队人马就能打得他们落花流水！"

另一名将士规劝牛皋："牛皋你这性子得改改，急什么，听听将军怎么说！"

"我这性子怎么了！"牛皋反口就顶了一句。

帐内几人七嘴八舌地互怼起来，眼见就要偏离会议主题了。岳飞看着属下辩嘴，倒也没有怪罪，只是笑着示意他们安静，接着部署作战策略："如今看来，吉州、虔州两地的叛乱，规模不小，且他们不停骚扰百姓，危害甚大。我们必须要精心布局，除去他们以保护百姓。虽说那彭友、李满、八姑等人号称"十大王"，实则他们是以彭友为首。彭友是虔州人，常言道，擒贼先擒王，我们先去虔州诱降此人，若是不成再强攻。只要拿下彭友，这次两州平乱自然水到渠成。"

一声令下，大军开拔，没几日就到了虔州城脚下。叛贼得了消息，听说来的是岳飞，全都慌了神，赶紧将所有人马集结在雩都。他们严阵以待，准备迎战岳飞。

春光明媚，原本应该是踏青的好时节，可现在雩都城外却寂静无声。岳飞的军队整齐划一，身着黝黑铠甲的士兵连成一片，真有"黑云压城城欲摧"之感。雩都城门外，彭友举着自制旗帜，骂道："枉我敬你岳飞是条好汉，竟然也甘愿做他赵构的走狗！管你拿什么功名利禄来引诱，我们绝不投降！废话少说，要战就战！"

这彭友颇有组织能力，组织了半个州的乡亲和他一起造反。哪怕是暗地里已经被岳飞的威名吓得惶恐不安，此时他仍是一脸镇定自若，着实让人佩服。

彭友骂完便一马当先，疾驰而来。岳飞望着远处腾起的尘土，心想：既然诱降不成，就只有先擒了他！

战鼓擂响，岳飞胯下的战马前蹄刨地，转瞬间就冲到彭友眼前。两马相遇，四条前腿在嘶鸣声中腾空而起，马背上的彭友与岳飞已经兵刃相接。长枪互撞，铮铮作响。

眨眼工夫，岳飞与彭友已经过招数次。战马回旋，马上的岳飞松开缰绳，双腿用力支撑起身，两手紧握长枪，灌力于手腕，蓦然挥枪打落彭友手中兵器，震得彭友虎口生疼。岳飞又是一枪横扫，咚的一声，彭友已坠下战马，躺地不起。

彭友失利，剩下的散兵游勇很快也被牛皋等人逐个击破。李满、廖八姑三姐妹等退居固石洞，却没想到岳飞早有准备，遣死士登山，誓要擒住贼首。大势已去，众人只好出洞求岳飞饶命。

看着眼前跪倒一片的叛贼，岳飞心中五味杂陈："你们本是良民，何苦做贼？只要你们痛改前非，就此收手投降，我绝不伤你们性命。"

战报到了临安，赵构听说叛乱贼人都已被抓获，思前想后，还是觉得这群人实在胆大妄为，竟敢公然挑战他的天子权威。他当即给岳飞一道密旨：虔州城满城贼寇，务必屠城，永绝后患。

岳飞一诺千金，答应了不伤投降贼人的性命，可官家的旨意让岳飞的承诺成了空。岳飞只好一请再请，非要赵构答应只诛杀贼首，赦免被胁迫的无辜百姓。一次、两次、三次，赵构拗不过他，只好同意赦免从犯。

赵构早知岳飞英勇善战，这次平乱更是讨了他的欢心。有这样的将领坐镇，即便金人南下，又能奈他何？

要褒奖岳飞，该给他什么好呢？他想了想，觉得金银财宝都略显俗气，不如自己的一手墨宝。于是，他看着厅中站得笔直的岳飞，笑道："岳将军平乱好本事，朕手书一幅字赐予你！"说完，也不等岳飞答话，自顾自地走到书案前，提笔写下"精忠岳飞"四个大字，末了还不忘叮嘱身旁的侍从："将这御字拿去做成旗帜，送到岳将军处。"

除此之外，他还晋封岳飞为镇南军承宣使与江南西路沿江制置使，没多久又改为神武后军都统制。同时，他将李山、吴全、吴锡、李横、牛皋等原班人马又配回给了岳飞。

不只是武力巅峰，还是一名仁将

吉、虔两州叛乱刚刚平息，伪齐与金人就联手入侵了南宋。襄阳、唐州、邓州、随州、郢州与信阳军接连告急。

宋绍兴四年（1134）三月，赵构坐在龙椅上，听着

"尽忠报国"照壁

襄阳等地的战况汇报，脸上阴晴不定。他倒不是气失地将领无能，而是气眼前这些朝官一声不吭。他抬眼打量一圈殿上的百官，无一不是低着头假作沉思状。

"既然没什么要说的，就退朝吧！"瞅他们这样子就来气，赵构干脆下令退朝，眼不见为净。回了后殿，案上堆成两摞的札子提醒他还没到休息时间。

赵构从中随意翻开了一本，竟然是岳飞上奏的《奏乞复襄阳札子》：襄阳、唐州、邓州等六郡是恢复中原的基本，当务之急是尽快收回六郡⋯⋯

赵构知道岳飞的心愿就是北伐中原，收复失土。岳飞在札子中只说要收回襄阳，可他之前有北伐的前科，谁知到时会不会趁机北上，挑起金人的怒火。赵构刚在临安坐稳皇位没几年，可不想再冒险了。

他急需找个人商量,问问岳飞是否"别有用心"。宰相赵鼎为人老练,或许可以与他商量。

赵鼎给他的回复是:最了解军中利害的,除了岳飞没别人。赶紧让岳飞收复襄阳才是正理!

岳飞的奏议这才终于得到赵构的批准,同时岳飞还接到一条批注:你只能收复六郡,不准再提出兵北伐或者收回汴京。

二十五岁时岳飞就吃过北伐这个亏,这次当然会小心措辞。那时他不顾官职卑微,给赵构写了份关于北伐的千字札子。左等右等,等来了八字批语"小臣越职,非所宜言",还被革除军职、军籍,逐出军营。

岳飞手握诏书,此次他被册封为黄州、复州、汉阳军、德安府制置使,奉命回到了江州。他忧心战事,一下马就叫来部将商议行军事宜。短短几天,他的军队已经收拾妥当,粮草齐备,准备从鄂州乘船渡江北上,收回襄阳等六郡。

眼前江水滔滔,正如岳飞此时翻腾的心绪。他激情昂扬地对幕僚说:"此行如果不能擒下贼人将领,恢复国土,我岳飞绝不回还!"

岳飞从军多年,威名远播,竟还有不知好歹的想和他较量一二。他率领浩浩荡荡的岳家军跋山涉水,直抵郢州城下。五月的微风划过士兵的刀锋,呼啸着在行列间穿梭。

大战开始了,岳飞指挥若定。一块炮石砸在岳飞脚边,旁人早就吓得躲到一边,岳飞却纹丝不动。他召集左右,指挥搭攀墙云梯，奋勇攻上城墙。不多时，郢州城墙上已换了大宋旗帜与岳飞的军旗。

"应当分散兵马，早日将六郡收归国有。"岳飞一边思索一边有了谋略，打算分兵收复各地。他叫来张宪与徐庆，拍了拍他们的肩膀，语重心长道："随州就交给你们了，务必早日复命。"

五月，岳飞指挥自若，夺回襄阳城。后在牛皋、张宪与徐庆的通力合作下，随州也被攻下。伪齐连连战败，赶忙请来金国救兵，增援河北、河东两地。金人坐镇好似给伪齐李成借了个胆子，他率领大军就要来夺回襄阳，奈何又是败北而归。

七月，王贵与张宪已经打到了邓州外。随后，岳家军不顾墙上飞石漫天，拼死夺下邓城主导权，斩杀金兵、伪军无数。月末，唐州被收复。同一天，信阳军也被岳家军攻克。

这一桩桩、一件件传入临安，震惊了所有人。赵构接到岳飞收复六郡的捷报时，手上翻动札子的动作都停止了，片刻后才颤声道："岳飞行军作战厉害，朕早有耳闻，但不知他能耐竟这般大，破敌如此！"同时，他心中快要熄灭的收复汴京的火苗又燃了起来。

殿上的胡松年大喜过望，接话道："正因为他军纪严明，所以有此成就。"六郡归宋，一战封神，岳飞也成了有宋一代最年轻的建节者。

除了襄阳六郡这一心腹大患外，洞庭湖匪寇也让赵构很是头疼。

早在宋建炎三年（1129），洞庭湖周边的农民钟相便聚众反宋。钟相死后，洞庭水寇另一首领杨么（幺）就继承了钟相未竟的事业，割据洞庭湖地区，继续和南宋对抗。对这群人，赵构又是派遣使者招安，又是派兵围剿，但都失败了。

赵构想到："岳飞这次建立奇功，正好趁热打铁，去杀杀杨么那贼子的威风，好叫他们知道谁才是大宋的主人。"

宋绍兴五年（1135）二月的一天，赵构将宰相张浚召来，任命他为诸路兵马都督，又任命岳飞为荆湖南北、襄阳府路制置使等职。张浚和岳飞率领五万人马，于四月到达了潭州。万人大军压境，跟以前的小打小闹可不同，杨么等人还没正式抵抗，胜利的天平已是偏向岳飞一方。

杨么军大部很快被破，只有杨么与夏诚带领残部占据藏江依然顽固抵抗。岳飞深知洞庭湖一带水势莫测，不可轻举妄动，便想到了开堰闸泄洪的法子。闸门一开，水势滔天。岳飞还在几个重要港口放了许多木筏阻塞航道，同时遍撒青草于湖面，干扰杨么的战船。

结局当然是岳飞大获全胜。洞庭湖边，杨么的残军都被俘虏，双手被一根麻绳绑在一起，齐刷刷地跪在地上。

"将军，怎么处置他们？我看就该把这些贼人全部就地正法。"

岳飞瞧了瞧说话的副将，皱起眉头，告诫他们："他们的首领有的归降，有的已被处置。只诛首恶便是，底下这些小兵不过是被首领裹挟上山罢了，何必牵连他们，你们不可滥杀无辜。凡是精壮青年一律收编入伍，老弱

人间始觉重西湖 HANGZHOU

战功赫赫，威名远播

病残则给些米粮放他们归田。"

平定吉、虔两州叛乱后，岳飞放过了虔州投降从犯，还上书赵构，为他们求情。平定洞庭水寇后，岳飞亦是只诛首恶，放过了投降的残兵。无论是平定吉、虔两州叛乱，还是平定洞庭湖水寇，岳飞一直秉承绝不滥杀无辜的原则，罚其首，宽其从，宽严相济，善待百姓。

岳飞不仅是南宋此时的武力巅峰，还是一名难得的仁将。

岳飞北伐疲奔命，宰相掐架争不休

北风萧瑟，镇江府里，宰相兼都督的张浚可算逮着了机会。他唤来一名小将，吩咐道："去请诸位大帅，就说我们得商量一下'北伐中原'的事务。"

将领们很快就到齐了，众人围坐一圈，簇拥着一向主张北伐的宰相张浚。岳飞也在其中，他早就按捺不住心中的激动，神采飞扬。张浚早就注意到他了，见状当即点他："岳将军，你就屯扎在襄阳，时刻留意中原的动静。我知道，北伐中原一直是你的愿望，这下可要不辱使命啊！"

岳飞领命，他准备返回鄂州后再做襄阳的军事部署。然而天有不测风云，一封家书送到他跟前，赫然写着：你母亲病逝，速归。这个消息恍若惊雷，震得岳飞不知所措。此时，北伐的念头被他抛在脑后，他满心满眼都是母亲在世时的音容笑貌。

悲痛不已的他决定将母亲灵柩送回庐山安葬，无奈之下干脆奏报朝廷：我想要辞职，送母亲回乡安葬。除此之外，他还多次上表，乞求赵构能允许他守丧三年。

北伐迫在眉睫，岳飞又是稳定军心的主将，怎么能临时调换？更何况，岳飞不是停职休整，而是直接辞官，赵构当然不准。岳飞也很为难，一面是北伐迫在眉睫，一面是返家奔丧不能不为。

最后，岳飞还是回家了。之后在朝廷再三催促下，岳飞只能匆匆赶回军中，准备七月的北伐。

宋绍兴六年（1136）七月是南宋历史上一段重要的日子，不仅因为赵构松口同意他们北伐，更因为远方绍兴的一项职位变动。秦桧在这个月被破格升为绍兴知府，这可不是个好兆头。

北伐启动，岳飞将岳家军兵分两路：一路由牛皋带领直奔镇汝军；另一路则由王贵、董先等带领，向西北进军。两路包抄，势如破竹。

守将薛亨被擒获，颍昌府被收回，商州全境都成了岳家军的囊中之物。听闻岳飞已经夺回商、虢等地，伪齐刘豫坐不住了。他秘密筹集了三十万人，却对外佯称有七十万，雄赳赳气昂昂地朝着淮西发动进攻，没半点心虚。

大战在即，岳飞怎么也没想到，他们竟然开始内讧了。

两个宰相赵鼎和张浚就淮西的军情部署意见相左，张浚主战，认为刘光世的兵力足够抵御，赵鼎主守，坚持要岳飞东下援助淮西。

张浚说："岳飞一动，那谁来制衡襄阳？不可东下。"

南宋高宗像

赵鼎说："刘豫有大军七十万，他刘光世有这个能耐守住？"

说到赵鼎与张浚，他俩以前可是合作融洽。张浚志大才疏，一心想要北伐，因为赵构欠着他人情，所以他对赵构有几分威慑力。赵鼎呢，为人老练，既善于处理正事，也善于搞好同僚之间的人际关系，正好弥补张浚"刚愎自用"的弱点。

两人的关系一直不错，谁承想督军平杨么时还叮嘱赵鼎"等我八月回来一起去看潮"的张浚，说翻脸就翻脸，和赵鼎掐起架来。

一来二去，当初合作无间的两位宰相逐渐交恶，无法挽回。

远在临安的赵构听了赵鼎的一面之词，也觉得刘光世和张俊不足以抵御敌军，索性也命岳飞东下。此时正是盛夏，岳飞早些年盛夏行军时落下的眼疾再次复发，但他不顾自己的身体，毅然决然听令支援淮西。第二次北伐壮志未酬，悻悻而归。

事实证明，张浚的决断是正确的。岳飞赶到九江时，刘豫已经败北，相当于他这趟白跑了。不过赵构消息灵通，马上就给岳飞安排了新的事情。

传来的札子上说："敌兵已经离开淮西，你也赶紧回去，严守驻地，以防襄、邓、陈、蔡等州让金人有机可乘。"

不得不说，赵构这番话还真一语成谶。金国的兀术在北方探听到岳飞东下淮西的消息，立马在十月底、十一月初联合伪齐，向襄汉地区发起猛攻。

奔波了两年的岳飞时常感到疲倦，但战事告急容不得他歇息，第三次出师北伐迫在眉睫。快马加鞭，他终于到达战场。此时，守城部将已经多次击退敌军。

受伤的下属听说岳飞来了，纷纷出来迎接。望着他们身上、手上缠着的布条，岳飞热泪盈眶，他扶起部将，笑道："你们都是我大宋的好儿郎，商州能转危为安，全是依仗你们！"

岳飞亲临战场，好似给士兵们吃了颗定心丸。守城的将士们受到了极大的鼓舞，军威大振。襄汉战线的敌军听说岳飞在此，更是吓得不战而退。休整一番后，他将现在的战况捋顺，制定了新的作战策略。

按照朝廷"规模素定，必不徒行"的惯例，岳飞此时已顺利完成任务，加上此时粮草不够，准备先回鄂州。果然，敌军将领李成听说后立即派兵追击他们。岳飞与部将早有准备，一番激战后，李成方面将领被俘获数十人，士兵数千，兵甲无数。

面对俘获的伪齐士兵，岳飞依旧语气平和，对他们说道："你们都是中原的百姓，不幸被刘豫驱赶到了这里。今天我放你们走，希望你们再见到中原的百姓，告诉他们朝廷的恩德。等到大军挺进中原，还望各位能率领豪杰前来接应。"

岳飞的三次北伐就这样结束了。从主张北伐但官家无心举兵，到北伐途中困难重重，这其中的艰辛和苦楚估计只有岳飞和他的将士们知晓。岳飞真是为宋朝的江山和百姓立下了汗马功劳。

不过虽然岳飞三次北伐，战功卓绝，但也顶不住自己人给他使绊子。

张浚与赵鼎的掐架并未终止，而且还愈演愈烈。因为淮西军情判断失误，赵鼎被逼引咎辞官，这之后张浚一家独大。张浚清除了赵鼎在朝廷内的势力，准备培养属于自己的班底。

当时赵构正驻跸平江，张浚便乘机向赵构推荐他曾公开表示"永不复用"的秦桧。因为张浚的大力推荐，宋绍兴六年（1136）十二月，秦桧以醴泉观兼侍读的身份赴宴。第二年正月，又被授予枢密使一职，离他未来祸国殃民的宰相一职只有一步之遥。

如此一来，这对历史上有名的君臣组合再次接上了头。估计张浚和赵鼎都没想到，他们掐架，竟然给了秦桧机会，导致现在三次北伐的好局面不久就被秦桧打破了。

大好机会被搅黄，中兴遥遥无期

宋绍兴七年（1137），这是岳飞距离收复中原目标最近的一年。这一年，赵构对他信任有加，准备为他扩充兵马，虽然最后证明只是一句空话，但也足见岳飞在他心中的分量。

除此之外，他还一度把岳飞叫到寝殿谈心，对外人宣告："听飞号令，如朕亲行。"

然而，一年前，因两位宰相张浚与赵鼎掐架，在南宋内部埋下了秦桧这个隐患，自此这个稍有起色的国家再次陷入愁云惨雾中。

一日，他将岳飞叫到寝阁，第一句就是委以重任："爱卿，中兴之事，就拜托你了。"

岳飞听后受宠若惊，不知官家此话从何说起。

赵构起身，望着殿外愈渐明亮的天光，继续说："刘光世在淮西战役中企图换防避战，险些耽误大事，如今朕已经夺了他的兵权。所以，现在他的部下就由你全权带领，你即刻出发，前往光州。"

岳飞观察赵构脸色，不像是开玩笑，眼前的官家好似真的回到了十几年前，脸上又有了那雄心壮志的模样。部队扩充就意味着收复中原有望，岳飞激动异常，谢过赵构就回家等正式任命。

左等右等，却始终不见任命的文书。殊不知，变故已在转瞬间发生，他收复中原的好机会被生生搅黄了。

宰相张浚自从挤走了赵鼎，又得了秦桧的助力，开始不满足自己只是个空头主帅，想要手握兵权。曾经讨人嫌的秦桧也已然变成了张浚的得力手下。他本来就是金国送到临安的奸细，当然极力反对北伐，撺掇得张浚不知孰轻孰重。

宰相张浚对赵构说了些什么不得而知，但效果显著。赵构立马出尔反尔，将岳飞兼领淮西军的诏令作废，还让张浚自己物色一个将领。那他是怎么给岳飞交代的呢？他只说："朕答应给你的淮西军，恐怕不能实现了。"

本来说得好好的事情为何突生变故？这还要从这一年的二月说起。临安城刚过上元节，张灯结彩的御街给这春日也添了不少明媚之色。近几年，岳飞几乎年年这个时候都会奉诏来临安走一遭，只是今年受到格外优待。

领路的宦官点头哈腰地说些讨喜的话，岳飞也不睬着他，时不时应答一二。走了一刻钟才到赵构指定的地方，领路的宦官退了出去，岳飞抬头就看见了满面喜色的赵构。

"岳飞！不必多礼，不必多礼。"赵构说着就要亲自来扶岳飞。

这两人做了十五年的君臣，会面的次数少之又少，但一点都不妨碍赵构对岳飞的亲热劲。他为了不冷场，专门抛了岳飞擅长的话题，问他："爱卿，你有好马吗？"

赵构的本意是闲聊以拉近君臣关系，谁知耿直的岳飞就当成了诉衷肠的好机会，他连酝酿的时间都不需，直接说："臣有两匹好马，它们每天都要吃上数斗小豆，喝一斛清泉。如果不是干净的食料它们宁可挨饿……这是因为它们肚量大，却并不贪吃食，虽精力充沛但不逞一时之勇。所以说它们才是日行千里的良驹啊！"

赵构张了张口想接话，不料还有后文。

"我现在骑的马就差多了，每天吃数升粮食，既不挑食也不挑水……这种马就是肚量小，容易饱，喜欢逞强但又外强中干，这就是平庸低劣的马，远比不上刚才说的那种马！"

岳飞说完，殿内寂静了几秒，赵构才反应过来，像呼应上下文一样呼应了自己刚才的问题，说："爱卿，所言极是！"

六郡归宋时，赵构就对岳飞青睐有加，早就忘了当初岳飞的千字奏书是如何惹恼他的。后来，岳飞又平叛有功，他已然将岳飞当成了"自己人"。

"良马对"的场面过去没多久，他又让岳飞陪同着前往建康，同时还将他升为了荆湖北路、京西南路宣抚使兼营田大使。到了建康之后，还主动命令王德、郦琼的部队归到岳飞麾下，更是昭告他们："听飞号令，如朕亲行。"

从这个春天开始，岳飞与赵构的距离越走越近。岳飞不仅数次面见赵构，还旧事重提，上了一道关于灭金人的奏疏《乞出师札子》。换作以前，赵构肯定会跳起来教训不知好歹的岳飞，这次却回复道："有臣如此，朕还有什么忧虑呢？你放心去做，我不干涉！"

他态度转变得如此突然是有根据的。

自宋绍兴元年（1131）以来，经过多年休养生息，南宋的国力已经迅速恢复，赵构作为一国之君无须再受他人之气。另外，徽宗驾崩的消息在年初就传到临安，不再被人掣肘的快感，刺激得他心中北伐火苗正式燃了起来。就连平日里散步，都要说些"斯民不忘祖宗之德，吾料之必非金人所能有"这类感人肺腑的话。斯民指两河中原地区的北宋遗民。

这还不算完，赵构甚至专门把伪齐在南宋撒的传单做了个合集给岳飞看，还说："爱卿你瞧，君辱臣死，这不是也在侮辱你吗？"

赵构终于向岳飞摊牌了，他就是想鼓励岳飞收复中原，振兴大宋。

这才有了赵构向岳飞允诺扩充部队一事，却没想到中途又因为朝廷内部权力相争，中兴之事遥遥无期，到手的好机会又溜走了。

岳飞本就因对赵构的言而无信感到失望，谁料议事的时候还碰上张浚打着请教的幌子嘲讽他。文臣吕祉是张浚的亲信，张浚准备让这人担任淮西军的实际主帅。

那日他们奉诏到都督府与张浚议事。张浚假意就淮西军中的人员安排请教岳飞，说："淮西军服从王德的命令，所以我打算让他做都统，然后任命吕祉为督府参谋，你觉得我这任命怎么样？"

岳飞如实回答："王德和郦琼不相上下，不好只提拔一人。吕尚书军旅经验不足，恐怕不能服众。"

张浚被拂了面子，又问："张宣抚怎么样？"

"有勇无谋,郦琼一贯不服他。"

"那杨沂中呢?"

岳飞答:"他与王德平级,怎么能驾驭这支军队?"

这下子,张浚的脸色不好看了,他不悦道:"我知道,就是非你不可嘛!"

此话一出,岳飞腾地一下从椅子上站了起来,大义凛然道:"都督问我正事,我当极尽愚力,哪里想着自己得到这支军队?"事情演变到这个地步,他没有再逗留的道理,匆匆告别就离开了都督府。

第二天,赵构就收到了岳飞的辞官信,名义上是继续为母亲服丧,可明眼人一下子就能看出来岳飞当真动怒了。

吕祉本就不是将才,张浚用他做主帅很快就付出了代价。因为吕祉上任后种种的可笑举措,当初忠心耿耿的刘光世下属纷纷倒戈投了伪齐政权。淮西军变不是小事,直接打击了赵构的北伐信心,而第一个要承担责任的就是张浚。

张浚走了赵鼎的老路——引咎辞官。

望着殿上跪着、已经取下官帽的张浚,赵构问他:"你走了谁顶替你的职位合适呢?"张浚可能一时感叹自己的身世,没答话。倒是赵构眼睛雪亮,问他觉得秦桧怎么样。

"官家,我与他共事后,才知他为人阴暗,不妥。"

张浚总算说了句为国为民的好话。

最终赵鼎复职,做了新宰相。之所以讲这些题外话,全是因为这两位宰相因为陈芝麻烂谷子的事,愣生生让秦桧平步青云。

张浚不同意秦桧顶替他的职位,还倒损秦桧的事情很快被秦桧本人知晓。秦桧也抓住机会,落井下石,攻击张浚尸位素餐。新上任的赵鼎还惦记着那点儿仇怨,本着"敌人的敌人就是朋友"的原则,向赵构推荐秦桧为相。

自此,秦桧粉墨登场,岳飞等一众武将好不容易扭转的局面被打破。南宋的国运也从这一年开始,急转直下。

一心为国却反生嫌隙,宋金议和成结局

岳飞算是反应过来了,赵构说要给他刘光世的部队,根本就是在耍嘴皮子功夫。

赵构看见岳飞的辞官信,立刻诏令鄂州军营将佐赶紧去把他请回来。李若虚、王贵两人去庐山劝岳飞,足足花了六天才说动他愿意受诏还朝。

此时,郦琼叛变的消息也传到了岳飞的耳中,忧国忧民的他当即就忘了赵构是怎么对他的,上疏请命去保卫建康。

宋绍兴八年(1138)是个多事之秋。这一年,岳飞不仅和赵构的君臣关系走向恶化,而且他极力反对的宋金和议之事也重新被提起。

早在前一年的十月，岳飞就收到了金国要放归钦宗太子赵谌的消息。现在的官家赵构膝下无子，他担忧这位太子的归来会令朝堂动荡，便力荐赵构立其养子赵瑗（即后来的宋孝宗）为皇储。

赵构的疑心病就在此时犯了，他回想起当初岳飞力主迎回二圣的种种举动，越发觉得他这个提议是在为赵谌铺路："赵瑗的血统怎么比得上赵谌纯正，我瞧他就是有异心。"

岳飞不知自己这个举动已经令他和赵构之间暗生嫌隙，反而一心扑在骤变的宋金局势上。当时金国遭逢巨变，金太宗（金太祖的四弟）离世，完颜亶继位，而军事首领粘罕也随之失势。

他素来知道粘罕与伪齐刘豫交好，而四太子金兀术（金太祖的四儿子）则深恶刘豫，准备给他们使招反间计，以此瓦解伪齐与金国的联盟。

那夜月明星稀，军营中寂静无声，岳飞的营帐中更是一片黑灯瞎火。一名五大三粗的军官撩了帐门进去，对着黑暗轻声说了句："岳将军，你料事如神，真是那小子！"黑暗中假寐的岳飞得了消息，心生一计，告诉那军官不动声色地回去，假装不知此事。

岳飞让人将一名年轻的士兵带到账内，还没等那忐忑的士兵开口，他的好戏已经开场了："你不是我军中的张斌吗？我之前派你去齐商议引诱四太子，你怎么一去不返？我后来派去的人回来说齐方早已同意，已想好借口准备拿下金四太子。你为何拿着书信却不告知我？难不成想叛变？"

那士兵听这一番话，早已满头大汗，立即跪下请罪。

宽宏大量的岳飞赶紧将他扶起，又回到案前写信一封，内容则是与刘豫商量如何谋划诛杀兀术。他用蜡把信封好，以防途中有人偷看，然后郑重地交到了张斌手上，说："将功折罪。这次你去齐，问清楚刘豫举兵日期，还要拿回凭证。路上小心，千万不要泄露机密，我等你的好消息。"

满头大汗的"张斌"颤巍巍地领了书信，逃也似的退出营帐。岳飞与一众营将望着他走出军营，红褐色的身影消失在冬日的苍茫草色中。

不多时，这封书信就出现在了兀术眼前。原来，岳飞他们早知那年轻士兵是兀术的探子，干脆将计就计。兀术看了信，拍案而起，怒道："该死的刘豫，看我不废了你。"说着，便抓紧手中的信去找新帝告状了。

刘豫得了郦琼投诚，正是得意的时候，哪能料到后院起火。那日，他正在部署攻宋事宜，就被破门而入的几个金国大汉用刀架住了脖子。

一封书信就此瓦解了刘豫与金国的联盟，但令岳飞没想到的是，赵构的北伐之心已经所剩无几，加上中枢渐渐被秦桧把控，议和的呼声越来越高。

果然，刘豫被抓后金就不再与伪齐交好，向南宋抛出了议和的橄榄枝，条件是归还南宋河南失地，并放还高宗生母韦氏与徽宗的梓宫。这下子，安静许久的南宋朝堂又吵得不可开交，到底是同意议和还是乘机北伐？

秦桧早年在金国混得风生水起，回到南宋也是身居高位。

十月议事以来，每每召见宰执，秦桧都会单独留下来与赵构"谈心"。他自然知道赵构想议和，但还是要确定赵构的意念是否坚定。否则一旦他与金国搭上线，赵构又反悔了，自己岂不两方都得罪了，性命不保？

第一次，他说："群臣畏首畏尾，各执一词，不足以断大事。如果官家想讲和，请和臣商量，不必争取他们的意见。"

赵构戚戚然对秦桧说："先帝梓宫还朝有望，就算等个两三年也无妨。只是太后年事已高，而朕近来又日夜思念她，所以想早日相见，还希望议和一事能尽快促成。"

第二次，他说："臣怕官家你改变心意，官家再想三天。"

三天过去了，秦桧单独奏事时发现赵构议和的心思十分坚定，但他还是不放心，又叫赵构再想三天。又是三天后，秦桧确定赵构议和之心坚定不移后，才拿出文书让他决定。暗地里，秦桧早已悄悄和金国搭上了线。

岳飞、韩世忠等主战派坚决反对议和，岳飞甚至在朝见时直接对赵构说："金人不可信，和好不可恃，相臣谋国不臧，恐贻后世讥。"

十一月的某天，往日里"暖风熏得游人醉"的临安城只剩下一片沉沉的暮气。金国的江南诏谕使张通古与萧哲的马车，大摇大摆地驶进了临安城，面对街道两旁百姓的怒视，他们有恃无恐，反而将手中的诏书高举，喊道："我们是大金的使者，这次是来诏谕江南的。"

宋朝这个历经一百七十多年的国家在他们口中变成了小小的"江南"，说好的"和议"也变成了对藩属国的"诏谕"。一时间朝野内外议论纷纷，群情激奋。可惜，赵构作为一国之君，议和的心就像吃了秤砣般坚硬。主战派的枢密副使王庶与枢密院编修胡铨等官员，不是被贬谪就是被罢官，都受到了不同程度的牵连。

宋绍兴八年（1138）十二月的一天，侍奉的宦官已经在门外等着了，赵构却始终拉不下这个脸，嘟囔道："朕嗣守祖宗基业，身为一国之君，现如今怎么能受金人册封？"

秦桧为了早日促成议和，赶紧应承下这件遗臭万年的差事。他以宰相的身份，代替赵构向金国使者行跪拜之礼，然后答应取消大宋的国号，作为金的藩属国，并每年纳贡。

十二道金牌追击，十年之力废于一旦

宋绍兴十年（1140）七月，正在行军途中的岳飞听见身后一声声"报——""报——""报——"，心头一跳，他有一种不祥的预感。

"命岳飞立即班师回朝，入临安觐见！"来人念完便呈上了一道金制字牌模样的班师诏。紧接着身后又来了几匹驿马，传来的均是同样的内容。

岳飞不听，勒令大军继续前进。不到一个时辰，身后的金字牌班师诏再次追来。来来回回，仅这一日他竟收到了十二道金字牌班师诏，可能有人这辈子都没见过如此多的金牌！

岳家军已经停止行进，全军默然。天空有惊雷炸响，不多时就降下瓢泼大雨。君是君，臣是臣，岳飞万般无奈，泪水蜿蜒而下，泣道："十年之力，废于一旦啊！"

岳飞悲痛欲绝，想自己征战一个月有余，眼看就要胜利，竟然被十二道金牌逼得原路返回，他心中怎能不气？怎能不怨！

刚进六月时，岳飞正准备他的第四次北伐，这也吹响了他最后一次北伐的号角。

张宪领前军，牛皋领左军，他们兵分两路挥师北上，于颍昌会师后又收复了陈州。与此同时，韩世忠的部将

岳坟忠迹　出自〔清〕古吴梦浪子《西湖佳话古今遗迹》

王胜夺回海州，张俊的部将王德则收复了濠州。

多年前，岳飞就开始经营"连结河朔"策略，这次更是派人前往太行山、河北、河东一带联络起义军，与他共谋北伐大计。被压抑多年的抗金力量蜂拥而起，众人纷纷赶往兀术盘踞的东京，将城池层层包围。

此时，北伐的大好形势却被一纸调令打乱了。张俊被调离亳州，顺昌的刘锜也被调往了江南。岳飞不甘心就此止步，但几次上奏请求朝廷给予支援，都石沉大海，杳无音信。兀术从秦桧处得知岳飞孤立无援后，又立马派遣骑兵万人直扑岳家军聚集处——郾城。

盛夏的日光分外耀眼，郾城内外的士兵汗如雨下却无人挪动一分一毫。兀术与龙虎大王完颜突合速、盖天大王完颜赛里，三人手握缰绳，勒紧了不安分的马，眼睛狠厉地瞧着对面的岳飞。

叫骂几声后，由千军万马组成的黑浪便涌动起来，兀术用"铁浮图"正面进攻，左右翼辅以"拐子马"。兵来将挡，水来土掩，骑兵不善肉搏，那就用刀砍马腿，让上面的人无从借力。岳飞命令其子岳云率领一路骑兵正面迎战，同时派出步兵，手上捆着麻扎刀与大斧，专挑敌军战马下手，使兀术的"拐子马"迅速丧失了战斗力……

这次兵败才一日，兀术又卷土重来再犯郾城，结果又是败北而归。后来他屯兵临颍县，又遭遇了杨再兴的部队，虽然险胜但伤亡无数，等到张宪率兵赶来时，他只好趁机溜了。

左思右想，兀术决定攻打实力更弱的颍昌。却没想到岳云及时率兵来援王贵，二人合力，直杀得"人为血人，马为血马"，直至最后金兵逃跑他们才肯罢手。兀术亲领的军队接连失利，他不由得叹息："自从我南下以来，从没有一次像今日这么挫败过。"

他一退再退，直到退守开封，而岳家军仍然步步紧逼，包围圈一直缩到开封城下。兀术的十万大军已经被逼得驻扎在开封西南的朱仙镇，借此希望能够全身而退。岳家军却不给他这个机会，前哨的五百背嵬铁骑很快抵达朱仙镇，打乱了兀术的防御计划。最终，他只剩下一条路，渡河北逃。

此刻黄河岸边，身着铠甲的金兵正在紧急搬运物资，沿河的战船用铁链连成一片。兀术静静地站在河边，还沉浸在战败的失落中。突然有兵士来报："太子，有个宋人要求进见。"

宋人？莫不是秦桧使了力，事情还有斡旋的余地？兀术眯了眯眼，让士兵将人带了上来。那人一副书生打扮，见着兀术急切地说："太子勿慌，京城可以守，岳少保马上就要退兵了。"

兀术一听书生说京城可守，惊道："他用五百骑兵破我精兵十万，指不定哪天就兵临城下，怎么个可守法？"

书生朝他眨眨眼，意有所指地笑道："自古以来就没有权臣在内，而大将能在外立功的。依我愚见，岳少保马上就要大祸临头了，怎么会成功呢？"

书生的一番话提醒了兀术，秦桧这张底牌他还没用。确实，秦桧早已暗中谋划让岳飞撤军，起先张俊撤出亳州与韩世忠镇守淮东都是他的功劳，目的就是要让岳飞陷入腹背受敌、孤立无援的境地，到时再伙同几个谏官向赵构上疏："此次北伐我们大军损失不少，现在正处民困国乏之时，让岳将军深入敌境，岂不是异常危险？希望官家赶紧降诏，让岳飞班师回朝。"

赵构觉得他们说得有道理，立刻就给岳飞下了一道班师诏。收复中原的机会就在眼前，岂能半途而废？岳飞不接这道诏令，同时还给赵构上了一封札子说明此次北伐的利害。

此刻对于班师毫不知情的岳飞大军还在继续前进着，即将抵达朱仙镇，兀术一边骂秦桧一边准备逃离。

没想到，岳飞竟然在最后关头撤兵了。兀术知道这是秦桧在赵构面前的进言起了作用，他会心地笑了，同时也鄙夷赵构的无能，空有岳飞这样的良将，却只知苟且偷生。

其实赵构能有如此反应在年初就可见一二，并不是突然为之。

宋绍兴九年（1139）正月，临安就发出了一道诏书，是为"大赦天下"，而理由竟是庆贺"议和"成功。何其讽刺！

当时岳飞远在鄂州，接到诏书时心头火起，赶紧让幕僚张节夫代笔一封《谢讲和赦表》，言辞激烈，表明自己绝不赞同议和，他势必要"唾手燕云，复仇报国"。同时，朝廷要加封他为开府仪同三司，岳飞也不买账，始终不接，还在辞书中说："今日之事，可危而不可安，可忧而不可贺，可训兵饬士，谨备不虞，而不可论功行赏，取笑敌人。"

他说要唾手燕云可不是开玩笑，被调到鄂州后，他就在日夜操练士兵。后来更是自请要跟随宋朝使者去西京洛阳拜谒先帝陵墓，趁机打探金国虚实，只是没被批准。

手握重兵却无能为力，岳飞感到很挫败，连上两道札子请求解除自己的军职，字里行间透露出自己对和议的厌恶态度。赵构虽然力主和议，但他也知道军防的重要性，早在和议前就有"和议可成，边备亦不可弛"的言论，何况边防离了岳飞肯定大乱，所以驳回了岳飞的请求。

宋绍兴十年（1140）五月，金国再次动乱，兀术发动政变，成了实际的掌权者。好战的他当即撕毁了与南宋的合约，亲领大军南下，誓要直取临安。金兵一路南下，才半个月时间，就已经打到了顺昌城下。

岳飞接到赵构迟来的任命，带着他整训三年的岳家军援救顺昌。顺昌一行大战告捷，金军东西受阻，不敢轻举妄动。赵构起先怕失了顺昌，让金军渡过长江威胁到他的安危。如今顺昌既已解围，就下令司农少卿李若虚给岳飞带话："不可自作主张，赶紧班师回朝。"

李若虚赶到时，岳飞的军队一路追击金兵，已经到了德安。岳飞晓之以理，动之以情，向李若虚说明了自己的北伐抱负。巧的是这李大人素来支持抗金，当即也不顾会违反赵构的皇命，主动支持岳飞行动。

虽然有良臣支持，却还是没有改变功败垂成的结局。一道道金牌送到岳飞手上，他真是寒透了心。

看着手中的十二道金牌，再一想到所有努力的成果又都重新落回了兀术的怀抱，岳飞就悲痛得无以复加，忍不住仰天长叹道："社稷江山，难再中兴！乾坤世界，不复往昔！"但他不知，中原失地再失都不及接下来的浩劫令人恸哭！

飞鸟尽，良弓藏，张俊拉拢岳飞不成，暗生坏心。

宋绍兴十一年（1141），正月里举国欢庆的氛围还在，北方的战报已经送到了岳飞眼前。岳飞的个人营帐位于整个军营中心，四面把守森严，现在已经成了他和牛皋、张宪等将领议事的地方。

桌上的战报刺激了牛皋，他不忿地骂道："那金兀术也有脸再来，看他牛爷爷这次不把他脸打肿！"

自十二道金牌事件后，金国消停了一段时间，只是没想到他们在宋朝军民过年的时候再次挥师南下。岳家军接到诏书命他们驰援淮西，因为他们是和金兵打过交道最多的部队。

"有谍报称金人要分道渡过淮河，你们有什么破敌之策？"岳飞将行军图摊开，指着淮河的位置，询问在座的几位将领。

牛皋五大三粗，打仗在行，但计策略逊一筹。张宪与其他几位将领和牛皋差不多，也不准备出言献丑，只把眼睛盯着在座的幕僚与岳飞。

"金人举国南下已有多日，他们的巢穴一定空虚。此时如果我们直捣东京、洛阳，必能大获全胜……"岳飞正说着，就开始剧烈咳嗽。他最近被风寒困扰，咳嗽一直没有痊愈。等缓过气来，岳飞才接着说："官家命我们驰援淮西，我会给他上道札子奏明其中利害……"

会议之后，众人各自散去安排一应事宜，就等大军开拔。三天后，岳家军的盔甲兵器、战攻火器与行军粮草都已检查准备完毕。随着一声令下，浩浩荡荡的万人军队就朝着庐州开去。

还没到庐州，先行的探子就快马回到队伍中。探子翻身下马，单膝跪在岳飞马前，汇报情况："将军，金兵听闻咱们还有半日行程就到庐州，早就跑得没影了。"

岳飞身旁几个将领七嘴八舌地问他，这确定不是引他们上钩的陷阱？金军逃去哪儿了？有没有一手情报？庐州的情况怎么样？乐不乐观？

金兵跑路了，岳家军扑了个空，只好在舒州原地待命。没多久，东北方传来急报，兀术已经攻破濠州。而因驻军在黄连镇的张俊犹豫不前，导致杨沂中的部队势单力薄，遇到伏击后战败。

岳飞整顿军队，快马加鞭赶去濠州。没想到，金兵得知岳家军前来支援，立马又溜得无影无踪了。

几次三番后，兀术也疲倦了，他自知无力攻灭南宋，就想起了当初自己嗤之以鼻的和议来：就让宋做一个属国也不错！

金军打算议和，赵构求之不得。可是，一到议和阶段，岳飞、韩世忠这些主战派就不是保命符，而是绊脚石了。四月开始，张俊、韩世忠与岳飞这三位手握重兵的人都被调离常驻地，任职临安枢密院。

五月，楚州境内一片祥和，坐镇于此的韩世忠军队正在一处平原练兵。士兵们手握不同兵器，一字排开，一遍遍演练着对敌招式，杀声震天。突然，人群中出现两个身着常服的男子，左右巡视，似乎是在检阅军队。

这两人正是被派来巡视韩世忠军队的岳飞与张俊。

张俊的眼珠滴溜溜地在韩世忠的军营打转，若有所思地对岳飞说："瞧瞧这背嵬军，训练有素。韩世忠忤逆宰相秦桧，我看迟早得倒霉，不如我们将背嵬军一分为二，你我各一半，怎么样？"

他也是昏了头，竟然和忠直不二的岳飞划分这点蝇头小利。不过这也是张俊的一贯作风。当初岳飞平定杨么之后，分给了张俊和韩世忠每人一座楼船，还有不少的兵器。韩世忠对此深表满意，而张俊非但不感谢岳飞，还心生妒忌。

果然，岳飞斩钉截铁地回道："我不愿做这种事，还请张将军以后不必多言。"说完就大步流星，头也不回地走了。

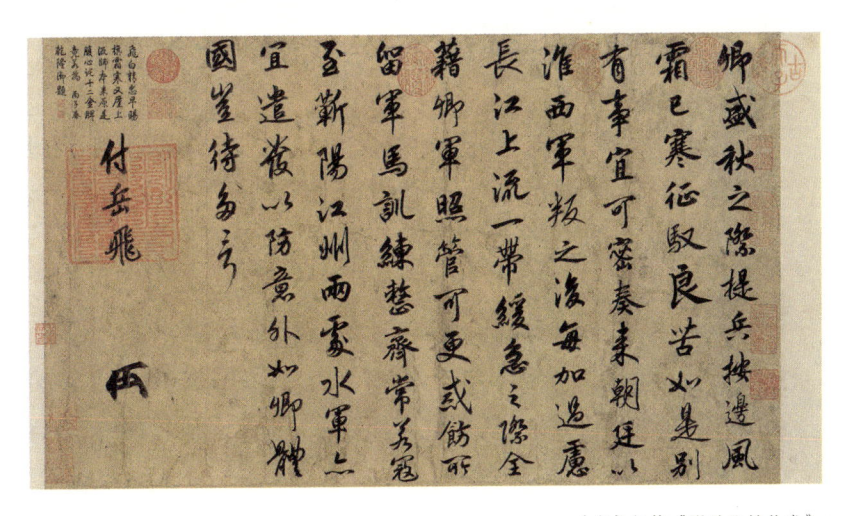

〔宋〕赵构《赐岳飞批札卷》

张俊站在原地，脸上变换了几个颜色，终于还是忍着一言不发。他跟上岳飞，准备继续去检阅楚州城防。

砖石垒就的城墙就在脚下，张俊却仍有不满，他嘟囔着："我看这楚州城墙还要加筑，为日后驻防做准备。"

先前他挑拨岳飞瓜分韩世忠的背嵬军时，岳飞还容忍他，只是拒绝，并没有任何斥责。此时听他这番发自内心的话，岳飞忍不住反问他："难道我们作为将领，不该以恢复国土为己任，而是只想着退却以保全自己的妙计？"

这下子张俊的脸色变得更难看了，他心中翻涌起多年来岳飞种种不给面子的往事，怒气腾腾。

瓜分背嵬军可不是件风光的事，张俊也只是悄悄和岳飞说，却没想到今天这番谈话会传到外人耳朵里。

背嵬军中一名叫耿著的军吏，知道这事后立刻上报给总领胡纺，说："如果两位要是真的瓜分了背嵬军，恐怕以后会生出不少事端。"这个胡纺也瞒不住事，听风就是雨，直接上了折子。

折子的内容被秦桧知晓，他心想：正愁找不到机会陷害韩世忠，这下子可以说他企图诬告两位枢密使贪他兵权。他立刻就派人抓了耿著，想要屈打成招。

岳飞看得透亮，赶紧给韩世忠出主意，让他去赵构面前自白。这招果然管用，只是岳飞却又得罪了张俊。张俊不满岳飞救韩世忠，转头就把岳飞和韩世忠这点儿小秘密告诉了秦桧。

楚州巡视已近尾声，岳飞骑着高头大马返回临安，不知前路凶险。官道两岸良田中的野草疯长，农人正顶着日头铲除它们。

满江红，青山有幸埋忠骨

刚回朝，岳飞就受到秦桧党羽万俟卨、罗汝楫的弹劾。威严大殿中，这两人用愤恨的眼神望着岳飞，口中振振有词："他岳飞救援淮西的时候逗留不进，主张弃守山阳（楚州），枉为一军将领，我们要求免除他枢密副使的职责。"

岳飞心知肚明，这是秦桧在给他使绊子。他步出行列，自请罢免枢密副使职务。一番诬告后，赵构连证据也不看，直接就让秦桧做主免了岳飞现有职务，给他安了个"万寿观使"的虚职。

八月的夏夜炎热难当，秦桧与家人正在院中纳凉。突然，有侍从急匆匆走来，与秦桧耳语："宰相大人，北面的书信到了。"

秦桧变了脸色，赶紧回到书房拆开兀术给他的书信。兀术说："你日夜请求议和，岳飞那边却只想着收复河山，看来你必须得杀掉岳飞，咱们才有机会讲和。"

手握书信，秦桧低头衡量利害：岳飞不死，就会在议和时从中作梗。到时候议和不成，金人不会放过我，而他得了权势也没我的好果子吃……上次授意万俟卨、罗汝楫诬陷岳飞，没想到他竟然自请解除职务，自己讨了个没趣。这次，一定要找个万无一失的借口……不如就说他谋反，一旦坐实罪名，必死无疑！

那日，张宪还在练兵，豆大的汗珠顺着鬓边流下。突然间，几个凶神恶煞的武将手拿大刀朝他走来。张宪不知状况，呵斥道："你们是什么人，竟敢明目张胆带刀出入演武场！"

问话的工夫，这几人已经走到他眼前。说时迟，那时快，没等张宪反应过来，这几人就与他扭打起来。双拳难敌四手，张宪最终被这些人擒住，押去了大理寺。

阴暗潮湿的牢狱中传来阵阵惨叫，张宪所在的小小牢房已经前后来过几拨人对他软硬兼施。张宪这时才弄明白，原来是秦桧利用岳家军的内部矛盾，威逼利诱都统制王贵和副统制王俊状告他"谋反"，以此来达到他们诬陷岳飞谋反的目的。

"就算你不说，我们也有的是办法！"拷打张宪的狱卒狞笑几声，给他透露了一个信息，"他岳飞是插翅难逃的。"

自从张宪以谋反的罪名被捕，秦桧就早早行动了起来。他派人去抓岳飞父子，想要证实张宪的谋反是确有其事。江州城内，一队手握佩刀的捕头行色匆匆地穿过街巷，来到岳飞家门前，凶神恶煞的样子吓坏了门房。

岳飞穿着常服站在院中，听眼前这些人陈述拿他的原因，笑道："皇天在上，后土在下，可表我心，我岳飞怎么会谋反？"

带头的何铸准备上前拘捕岳飞，岳飞却闪身到一旁，使劲挣裂上衣。布匹撕裂，露出精壮而布满伤痕的背部，只见上面有"尽忠报国"字样，字字深入肌理，震慑了在场所有人。但岳飞还是听从安排，跟他们回到"行在"

临安。

何铸查明岳飞冤情，将事情禀报给秦桧，秦桧却面有深意地指了指天，说："这是上面的意思。"紧接着就把何铸主审官的位置换给了万俟卨。

此时，岳飞父子与张宪都被关押在大理寺（原址在今杭州小车桥附近）的狱中。万俟卨和张俊使尽手段也无法令这三人屈服，只能恶人先告状：岳飞曾经给张宪写过一封书信，让他向朝廷谎报军情，这样自己就能重新掌握兵权，好趁此机会造反。这封书信确实存在，只是已经被狡猾的两人烧毁了。

十一月，临安迎来了真正的寒冬，宋金之间的"绍兴和议"最终还是达成了：宋金间东以淮河，西以大散关（今陕西宝鸡市西南）为界，宋向金称臣，每年贡纳银、绢各二十五万两、匹。秦桧正是春风得意的时候，他心想：虽然和议达成了，但岳飞的事宜早不宜迟。

万俟卨得了授意，逼供不成干脆一不做，二不休，直接罗织了一系列罪名，什么"指斥乘舆""坐观胜负"，统统扣在岳飞头上，准备定他死罪。

大理寺一众忠臣听说要给岳飞定死罪，惊骇不已，纷纷站起来和万俟卨理论。"岳将军是国之栋梁，你空口无凭几句话就想定罪？"大理寺丞李若朴气得发抖，一个劲儿地怒斥万俟卨。

另一个在场官员何彦猷也看不下去，据理力争道："写给张宪的书信还没找到，怎么能草率定罪？岳将军尽忠报国，手握重兵多年从无二心，这个判决我们不同意。"

这场争论的结果是李若朴与何彦猷都被罢官,而岳飞依然没有得到释放。

赋闲在家的韩世忠早在听说岳飞入狱时就去质问秦桧:"岳飞和张宪商议谋反的书信都没找到,怎么能草率将他押入大理寺?"

秦桧如今权柄在握,也懒得应对韩世忠,只是敷衍他说:"岳飞和张宪密谋的书信虽然下落不明,但莫须有就可断案。"

这话把韩世忠一惊,他愤然问道:"宰相,'莫须有'三个字怎么说服天下?"

宋绍兴十一年十二月二十九日(1142年1月27日),临安城内和往日一样,依然繁华一片,车水马龙的闹市里人山人海,人们争相购买年货,就等着午夜的新年焰火升起。百家欢乐之时,大理寺接到赵构的命令:赐死岳飞,将张宪、岳云处斩刑,命令杨沂中监斩,为以防万一,派遣众多官司兵防守。

岳飞纵有一身武艺,也早就因严刑拷打而孱弱不堪。面对狱卒再次送上前的供状,他提笔颤颤巍巍写下八个大字:"天日昭昭,天日昭昭!"

岳飞被赐死时,狱中的人都在商量怎么处理他的遗体。有人说直接照常扔到乱葬岗,也有人说应该高价卖给岳飞的家人,还有人说像岳将军这样的人物应该盛殓入葬……

这些话都被狱卒隗顺听在耳中,他却未发一言。夜里更鼓响过几遍,其他狱卒都睡熟了,隗顺才偷偷摸摸

岳飞墓和岳云墓

进入岳飞的牢房,将他的遗体背在背上,逃也似的出了杭州城。

"秦桧与大理寺内的一些官员勾结,怎么会让岳飞将军得个全尸,我隗顺敬佩将军,希望能让将军入土为安。"隗顺一边想着一边跑到钱塘门外,就在九曲丛祠旁为岳飞挖了一个墓穴,将他安葬其中。这件事隗顺没跟任何人讲,直到临终前才告诉其子岳飞遗体的下落。

自从南宋迁都临安,临安就成了国家核心。岳飞一生忙碌就是为了保护以这座城市为中心的南宋免受战乱荼毒,百姓能安居乐业。如今,他受同僚陷害,不声不响地被赐死,又在这个深夜无声无息地被埋在钱塘门外。生前尽忠报国,死后他的英魂依然守卫临安。

过了几天,岳飞的死讯才传到城中。听说岳飞死去的消息,百姓们纷纷为之哭泣,原本应该盈满笑声的临安城到处是一片恸哭声。消息传到金国，那些大臣听说岳飞已经被赐死，却纷纷斟酒庆贺，自满地以为和议就此稳定，再无变数了。

宋绍兴三十二年（1162），赵昚登上帝位，是为宋孝宗。他登基后，岳飞的冤案才终于得到了平反，隗顺之子这时才将隐瞒多年的真相和盘托出。于是，宋孝宗将岳飞的遗体改葬在西湖栖霞岭。淳熙六年（1179），还追封他为"武穆"。到了宋宁宗时，又将岳飞改封为鄂王；后来到宋理宗时，又将岳飞的谥号改为"忠武"。

自此，西湖栖霞岭的岳飞墓旁，游人不绝，纷纷自发前来拜祭他。渐渐地，栖霞岭南麓建起了一座岳王庙，专门供奉岳飞，接受人们的香火朝拜。

几百年来，岳飞对杭州的意义非凡。因有岳飞带领的岳家军等将士的拼死作战，才没有让金军彻底饮马西湖畔，保留了杭州的繁华。岳飞的忠义勇武、仁爱孝顺和壮怀激烈都深深镌刻在杭州人民心间，塑造了杭州人的性格。岳飞不仅为这个以自然山水闻名的城市增添一分人文气息，也为江南烟雨留下了一颗铁血丹心，所谓"赖有岳于双少保，人间始觉重西湖"。

参考文献

〔明〕郎瑛：《七修类稿》，上海书店出版社，2001年。

〔宋〕岳飞：《奏乞复襄阳札子》，《岳忠武王文集》，台北汉声出版社，1982年。

〔元〕脱脱等：《宋史·岳飞传》，中华书局，1985年。

〔宋〕林升：《题临安邸》，《全宋诗》卷二六七六，北京大学出版社，2019年。

〔元〕脱脱等：《宋史·秦桧传》，中华书局，1985年。

〔清〕袁枚：《谒岳王墓》，《小仓山房诗集》，台北广文书局，1971年。

〔宋〕岳珂编，王曾瑜校注：《鄂国金佗稡编续编校注》，中华书局，1989年。

第三章 牛皋：不识时务的辅文侯

一介荒野莽夫,却组"联防队"抗金保卫家乡

在南宋诸将中,有一人长得牛高马大的。因为早期务农,他面容看上去黢黑。身骑一匹乌碳马,颜色和他的肤色倒也别无二致。他不使长枪,也不使刀,而是四楞镔铁锏(有四条棱的鞭类兵器)在手。

或许有人会在心中疑惑:哪位将军是早期务农的?但大家可不要小瞧这位英雄,他可是和爱国大将岳飞同时期的抗金将领——牛皋。

牛皋,字伯远,是汝州鲁山(今属河南平顶山市)人。他出身农民家庭,却精于骑射,武功高强。他的家乡在石碑沟村(在今鲁山县),地处深山老林,拥有数不尽的柴火资源,所以这里家家户户几乎都以砍柴为生。

一天饭后,牛皋和他的两个兄弟上山砍柴。

"牛皋!牛皋!快来!"他的一个兄弟喊道。

"来了,来了!"牛皋跑过去看,原来是他的两个兄

弟砍了一棵足有两人腰围粗的树。

牛皋一向力大如牛，他接过被砍倒的树，平稳地放在肩上，抬腿就走，丝毫没有表现出吃力的样子。

眼看着砍柴的工作没有钱赚，而牛皋家中又有老母、妻儿要养，牛皋犯愁了。路上，便和两个兄弟商量该如何另谋生路。

牛皋哭丧着脸说："现在卖柴赚的钱，都不够养家糊口了。"他作为家中的顶梁柱，可见压力是多么大。

他的一个兄弟立马接话："牛皋，你小子以前不是很喜欢玩弹弓吗？这弹弓和射箭一个技法。咱们这石碑沟村林子多，鸟也多，不时还有些山野美味跑来跑去。你不如试着学习一下弓箭，这样就可以趁着砍柴的时候顺便猎点什么去卖。"

"你这主意不错！我明天就带上弓箭去试试。"

就这样，牛皋开始了他的狩猎兼职。在捕猎的过程中，他也训练了自己的射猎技艺——后来他只要一射箭，几乎都是百发百中。这样一来，每次他进城卖柴，都会捎带一些自己捕获的猎物，生活渐渐宽裕了。

这天，牛皋正在山上砍柴，突然发现前方踉踉跄跄地跑来一拨人，其中有老有少。他停下了自己手中的活儿，心想：这些人怎么一个个都这么着急？出于好奇，他便开口询问道："你们怎么了？这样着急是要去哪里？"

领头的那个说："金军入侵，我们只能抛家弃园，去寻找没有战争的地方。"

牛皋紧了紧自己的拳头，心中恨恨道：这该死的金人，简直欺人太甚！恐怕他们不久就要打过来了。此时，狂风乍起，树影摇曳，仿佛预示着将有风雨来临。

没过多久，鲁山县衙到牛皋所在的村子里招募射士（弓箭手）。牛皋站在招募台前，感慨万千：这几年家国破碎，生灵涂炭，自己作为顶天立地的大男人，还窝在这个小地方，终日与柴棒为伍，只顾图谋自己的生计，而无力报效祖国。男儿应当志在四方，今日不为抗金事业献出一点自己的力量，等到老了怕只得后悔莫及。

于是，牛皋当即就报名了。

这是个能抗击金军的千载难逢的好机会，正好这阵子自己在捕猎时提高了射艺，牛皋顺利成为鲁山县衙的一名射士，平时主要负责县上的治安巡逻。但他不满于此，经常借助自己熟练的射箭技艺，协助训练民兵。闲暇时，还会竭尽全力帮助当地的百姓做些农活，收获了良好的口碑。

宋建炎三年（1129）底，众人正准备放个年假，大堂里突然传来一声惊慌失措的喊声："不好了！不好了！金军要打来了！"

此时牛皋正在训练民兵，一听金军快来了，第一反应并不是准备逃跑，而是想着这些金兵正好让他们练练手，检验一下最近的训练效果。可惜现在人手有些不够……

激情澎湃的牛皋，拿上一面旗子就到街上去。街上人声鼎沸，此时百姓们还不知道金兵来犯的消息，还是和往常一般，做着自己该做的事情。

突然，牛皋的声音震耳欲聋："乡亲们！请停下来听我说！"大家停下手中正在做的活儿，望向这个突然发言的中年人。

"乡亲们，如今金人来犯，马上就要打到我们鲁山县了！你们忍心看见我们的家乡被金人占领吗？我希望有志之士能够加入我们的抗金队伍，和我们一起将金贼赶出去！"

牛皋本就武艺高强，平时又对百姓们尽心尽力，他这一号召，响应者云集。旁边的小孩子懵懵懂懂的，什么都不知道，也一个劲地说着："我来！我来！"于是，一支由牛皋建立的民兵队伍"联防队"横空出世。

宋建炎四年（1130），金军入侵江南地区后撤回北方。四月初，金朝将领完颜拔离速带领金军进入平顶山一带。

完颜拔离速曾到这一带行过军，对这一带的地形特别熟悉。所以他准备从鲁山县和叶县之间取道，进入宝丰县，在此渡过汝水，继续北撤。

日落时分，金军行到汝州附近的宋村，决定在此地休息一晚。

同行的金朝将领耶律马五却说："这个地方叫宋村，会不会有点不吉利啊？"

而另一将领完颜毂英听后很狂妄地说："那我就将它改名为金村，我看它还能产生什么不好的影响！"

但这些金军不知道的是，牛皋早就在他们进入平顶山地界的时候，就将其行军路线摸得一清二楚。要说熟悉，这些金军能有牛皋这个土生土长的鲁山县人士熟？他料定金军会在宋村驻扎，早就带领他的"联防队"悄悄埋伏在此，准备将这些金兵一锅端了。

此时正值初夏，天气已经渐渐有些炎热。这些金兵驻扎在此，卸下铠甲，准备好好休息一番。

突然间，随着一声直冲霄汉的"杀——"，民兵纷纷涌向金营。完颜拔离速见状，立即拿起手中兵器应对，而其他金军因又饥又疲，则被这些"联防队员"杀得七零八落，四处逃窜。

经此一战，完颜拔离速和完颜毂英只好连夜率领残兵逃回了太原。

可是另外一名将领耶律马五就没有那么幸运了。他被众多民兵包围，犹如困兽一般，却还是狂妄地喊道："谁敢出来单独挑战我？"

他以为自己能凭着气势唬住这些民兵，没想到，他话音刚落，民兵就让出一条道来。一名头戴铁兜鍪（铁头盔），手执铁锏，骑着黑马的人从人群中走出。

耶律马五抡刀向对方砍去，对方则顺势将其打下马来，在一旁观战的民兵急忙上前将其活捉。

这次战斗大获全胜，而生擒耶律马五的人就是那个一介"荒野莽夫"——牛皋是也。

之后，牛皋又率领他的"联防队员"，击溃了侵犯鲁山邓家桥的金兵，保卫了自己的家乡——鲁山县。

这就是牛皋刚开始组织队伍保卫家乡的故事。

与岳飞一见如故，岳家军新增一员猛将

自从牛皋在鲁山县打了几场胜仗后，名声大噪。

宋绍兴三年（1133），爱国将领岳飞当时正统管着江西、湖北的军务，但眼下南宋国土七零八落，所以他选定由襄汉（襄水和汉水流域共同流经区域的统称）进军中原，决心要将失地收回大宋手中。于是，岳飞再次上书赵构请求出军北伐。

这失地又要从宋建炎二年（1128）说起。这一年，金军大举南下，四处都在喊打喊杀，百姓民不聊生，无奈只得逃亡各地。

本来是济南知府的刘豫眼看着金军要打到城下，竟然弃城降金。两年后，刘豫不知使了什么法子，竟然让金人将他立为"大齐"皇帝。明眼人都知道这只是个受金国操纵的傀儡，但他却乐在其中，通敌叛国，为金军进攻南宋出谋划策。这几年，他明里暗里都一直在使坏，导致各地都不得安宁，南宋更是连失几地。

总之，看着各地战况不佳，岳飞是坐不住了，立即上书赵构，希望能够前去收复襄阳六郡。

这时，牛皋也因忧心战事，骑上他的黑马便朝临安出发，想要面见赵构。

"官家，牛皋请求见你！"门口的传话侍卫到大殿前禀报。

赵构一听，心生疑惑：嘿！这家伙，好好的军营不守，来我这里干吗？他马上说："宣他进来吧！"

牛皋收到传令，风风火火地赶进殿里。他虽然曾经是个乡野村夫，但此刻还是懂得君臣礼仪那一套的，见到赵构那一刻，立即跪下行礼。

他没读过书，也说不来什么好话，行礼后只是气势如虹地对赵构说："官家，刘豫必败，我大宋疆土必定能收复！"

赵构见状，竟一下子被牛皋震住了，呆呆地看着他，一言不发。这时，一个太监"不合时宜"地给赵构端了碗茶上来，才打破了殿中宁静。

赵构这才反应过来，本来他就发愁战事，心想，牛皋倒是不请自来，正好解我朝燃眉之急，便说："好啊！好啊！我朝能有你这样有志气、有能力的贤将，是朕的福气！瞧瞧，真是巧了。不久前，岳飞才上书要出军收复失地，不如你就加入岳家军，和岳飞一起冲锋陷阵吧！"

赵构一下就把牛皋安排到岳飞手下。要知道岳家军选兵严格，不过他牛皋也不虚，即使老老实实走程序，也不愁达不到岳家军的评选水平。

"多谢官家！"牛皋当即心花怒放，久闻岳将军大名，要是真的能和他一起并肩作战就好了。

这一路上，牛皋都在想，见到岳飞的第一句话该说什么。

到了岳家军军营的时候，牛皋就因眼前的景象震惊了——如此炎热的季节，这些岳家军却身着厚重的铠甲在训练，手不离兵器，喊杀声也是震天动地，好不威武！军中士兵一个个脸上都冒出了豆大的汗珠，却丝毫没有懈怠，看得牛皋自己都振奋起来。

岳飞在一旁指挥，看见来人，停了下来。他心想：这人牛高马大的，面容黢黑，莫不就是那个在鲁山县屡战屡胜的牛皋？

"岳将军！我是牛皋！"牛皋说话总是如此简洁直接。

"你就是牛皋啊！久闻大名！"岳飞毫不掩饰自己对他的欣赏。

"听说岳将军一心想要收复失地，不知道我是否派得上用场？"牛皋大汉一个，说着说着竟还有些害羞起来了。

本来情绪低落的岳飞见状，顿时心情转好，没想到在战场上令金军闻风丧胆的牛皋还有害羞的时候，还真有点意思，他笑着说："有你这员猛将加入我岳家军，再好不过了！"

几天后，岳飞便带领岳家军三万余人，由江州向北出发，开启了他们收复中原的旅程。

第一站是郢州。岳家军首战告捷，一举攻下郢州。

随后，岳飞改变策略，决定兵分两路。命张宪、徐庆两人带领一队人马向东出发攻取随州，自己带领牛皋一队人马直接奔赴襄阳。

没想到，牛皋这一队人马刚朝襄阳前进，金人的眼线就将消息传回。

驻守在襄阳的金人将领，听说岳飞快过来了，同行的还有之前活捉耶律马五的牛皋，吓得他赶紧弃城而逃，牛皋他们最终不战而胜。

"想不到，这些占领我朝国土的金人中也有如此贪生怕死的人。"牛皋感叹道。

他们在五月十七进驻襄阳。

牛皋这一路顺利得不可思议，可张宪他们那一路却遭到了滑铁卢，连续几日攻打随州都没有结果，最后还

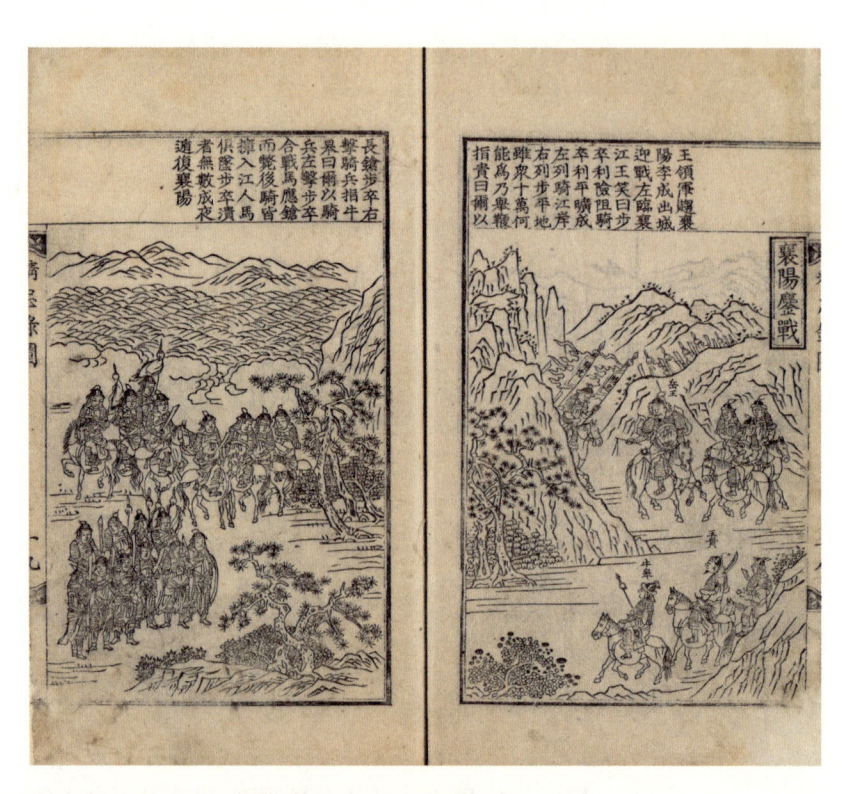

襄阳鏖战　出自〔明〕姚茂良《会纂宋岳鄂武穆王精忠录》

吃了败仗。

牛皋见随州那边战况胶着，主动请缨前去援助。他估计了战况，只带了三天的粮草就向随州出发。

他向来是个直接的人，到达随州地域后，直奔随州城外宣战。

驻守将领王嵩，在前几日与宋军的对抗中，吃尽了甜头，哪还管你什么牛不牛皋啊，只说："你尽管放马过来吧！"

牛皋一听，这是不把我放在眼里啊，便带着身后一队人马直接杀向城门。王嵩见其来势汹汹，与前几日对阵的士兵大有不同，这才慌了。可惜为时已晚，城门已被牛皋攻破，想要另谋出路已经是不可能的了。

王嵩见状，直接吓得从楼梯上滚下来，正好落在牛皋的黑马脚下。牛皋下马笑道："你不是还挺狂妄的吗？"

他又向前一步，像拎菜一样将王嵩拎了起来。敌军看见自己的头儿都被抓了，也不抵抗，五千人马立即投降了。

牛皋此战，说是来对抗金军，结果对方竟然不战而溃。牛皋心里还有些得意：我这三日粮草还没用完呢！真是不禁打！他经此一战，得了个"黑牛大将军"的美称。这之后，金军只要知道是牛皋来了，就躲得远远的。岳飞也对牛皋更加赏识了。此后，牛皋就一直担任岳家军的副帅，与岳飞一同出生入死，并肩作战。

破杨幺　出自〔明〕姚茂良《会纂宋岳鄂武穆王精忠录》

牛皋在此，尔等鼠辈岂敢造次

岳家军在襄阳六郡打了胜仗后，举国欢庆，牛皋生擒王嵩的战绩也给全国百姓留下了勇猛的深刻印象。不过有人欢喜，就有人忧愁。这种时刻，金军当然恨得牙齿痒痒了：我们好不容易才打下来的地界，就这么被夺回去了！

于是，金军又存了攻打其他地区的坏心眼，宋军也只有不断地追在金军身后，亡羊补牢。只是外患尚未解决，内忧又一波接着一波地涌来。

在牛皋一行人辛辛苦苦地收复襄阳六郡时，由杨幺等人发起的农民起义在另一边搞得热火朝天。

说到杨幺，他也真不算个什么好东西——说是为民请命，呼吁大家一起来反抗朝廷的压迫，结果等他组织大家揭竿而起后，却只顾自己享乐。不仅如此，对自己手下的义军，杨幺也是滥施兵威，比起贪官污吏来有过之而无不及。

他不仅滥杀无辜，随意掠夺官吏、书生的性命，还焚烧了洞庭湖地区好多住宅和庙宇，简直就是在乘机作乱！哪里带给百姓什么好处了？这些行为统统给洞庭湖地区带去很大的破坏，百姓们也改变了刚开始的支持态度，剩下的只有怨声载道。

宋绍兴五年（1135）初，洞庭湖地区。

"也不知道什么时候朝廷的人才来收拾杨幺这个恶霸！"没错，杨幺已经从一个某种意义上的"救世主"变成了彻头彻尾的恶霸。这个地区的百姓只想他滚得越远越好。

"唉！"现在除了抱怨，剩下的就只有无尽的叹息了。

他们不知道，此时的朝堂上，气氛异常严肃，殿中臣子简直连大气都不敢出一声。

若问缘由，这还要从几分钟之前，一名臣子递上的奏折说起。

那名大臣是洞庭湖地区的管事者，虽然赵构知道有杨幺这号反贼，但因为金军一直来犯，朝中自顾不暇，所以这名大臣一直没敢上报杨幺的种种恶行，自然就没人管他到底是杨么还是杨六，以为他翻不出什么水花来。现在眼看着襄阳六郡打了胜仗，这名大臣想着赵构此时应该心情不错，才敢上书，希望能够派人去剿灭杨么乱军。

没承想，赵构听了，还是气得不行，这才有了刚刚臣子们大气都不敢出的一幕。

缓了一会儿，赵构才开口："都这时候了，你现在才来跟我说！"

这名大臣被赵构气愤的语气吓得瑟瑟发抖，心想：当官不易啊！说也不是，不说也不是。

底下的臣子都知道彼此的难处，能帮就帮一下，有人便说："官家，你不要生气。现在襄阳六郡大胜，岳家军现在也正在鄂州休整，不如就让他们顺路去平叛。"

"现在只能这样了，那就速速传我命令去鄂州吧！"赵构叹了口气，"今日就到这里吧，退朝。"

一场胆战心惊的早朝总算结束了，众人都松了一口气。

此时，岳飞那边有人来报："朝中来令，要咱们速去洞庭湖地区收拾杨么。"

岳飞还没发话，牛皋已经按捺不住性子，摩拳擦掌道："爷爷我正愁手中兵器都快生锈了。"

二月，岳家军便向洞庭湖地区进发。

四月，到达潭州后，岳家军一举降伏了杨么的部将黄佐,并招降两千多人在自己麾下。他们岳家军一边招降,一边又乘机攻打洞庭湖外围地区,对其四面围击,最终大获全胜。

五月,就只剩下杨幺水寨尚未攻破。

牛皋有些等不及了,笑道:"我牛皋还就不信这个邪,这么多关卡都打下来了,这么个整天享乐盘踞在此地的杨幺还降伏不了?"

后来他又转念一想,杨幺这人还是有点头脑的,晓得在湖区安营扎寨,训练的兵也都擅长水战,而我们都是些不擅水战的陆兵。

"将军,你看,现下该如何是好?"牛皋平静下来,征求岳飞的意见。

"既然他在湖中,咱们拿他没办法,那我们就让他无法利用水掩护自己!"岳飞缓缓道来。

窗外树影摇曳,仿佛也在认同岳飞的说法。

牛皋恍然大悟,拍了拍脑袋,大笑几声道:"我明白了!"

于是,他带领一众岳家军前去开闸放水。随着湖中的水不断流走,水中的青石也慢慢显露出来,牛皋见状喜不自胜:胜仗就在眼前了!

除了开闸放水之外,他们还用木筏堵住杨幺水军撤退的所有港口,将青草撒在湖面上,以此来阻滞他们的战船。

万事俱备，就差牛皋闪亮出场。

这天，牛皋乘战船向杨幺水寨进攻。

"杨幺，你牛爷爷来了！快出来受死！"牛皋虽然没了他的黑骑，但铁锏不离身，立在船头，威风依旧！

杨幺这几日，逃也逃不出去，只得躲在寨中思考应对措施，哪里还敢出来。这不就是猫捉老鼠？

牛皋才不管三七二十一，心想：既然你不出来，那我就找过去了！他马上令岳家军将水寨包围，弓箭手准备就绪后一声令下："射！"

这下杨幺的水寨已经不是避风港，而是箭靶子了。

杨幺硬着头皮率领他的水兵，妄想突破重围，奈何岳家军实力太强，不一会儿，他的兵就被歼殆尽。而且就算他能突出重围，那港口的木筏还等着他呢！

空中突然乌云密布，"哐、哐……"一阵雷声乍起，竟哗啦啦地下起了暴雨。杨幺见状，立马跳进湖中，妄想躲过被捕的命运。

牛皋虽然从小生活在山上，但也习得一些水性。他见杨幺跳入湖中，立马也跳进湖中，心想：可不能让这家伙逃了。

杨幺在这里盘踞了这么久，不会点水下功夫，都对不起他自己。水中的他很灵活，但还是躲不过牛皋的铁锏。牛皋将铁锏一甩，正中杨幺脑门，牛皋见状马上游过去，将其捕获。

至此，杨幺之乱被平定。

征战沙场数十年，只恨不能马革裹尸还

入伍这些年，牛皋跟随岳飞征战沙场，片刻都不曾停歇。这些忠义之士一心一意，为的就是有朝一日能够收复中原，从此国家能够国泰民安，繁荣昌盛，百姓过上安居乐业的生活。

原本宋朝与金国签订了盟约，此后理应是两不相犯。但是宋绍兴九年（1139）秋，金兀术发动政变，夺了金国政权。这个金兀术一向好战，于是他上位后，不惜背信弃义，撕毁了之前和南宋签订的和议条约，举兵南下，企图再次蚕食南宋。宋绍兴十年（1140）五月，才半个月的时间，他就率领金军将河南、陕西等地攻下，现在已经打到了顺昌城下。

驻扎在顺昌的将领刘锜眼见战事告急，不得不上书朝廷请求援助。

赵构这才后知后觉，这种危急存亡之时，还是要派出岳飞去对阵才行。于是他写下诏令一则，让岳飞带领岳家军去支援顺昌，对抗金军。

收到诏令以后，岳家军纷纷交头接耳。

"将军，此次金军来势汹汹，看来不好应对啊！"岳飞的一个部将说道。

牛皋一听，立即说："任金军有多厉害，当年在鲁山县的时候，我还不是照样打得他们屁滚尿流的！"

岳飞表示认同,说道:"切不可长他人志气。"

就这样,岳飞带领岳家军前去顺昌解围。

后来,顺昌一战告捷,金军也有所收敛。赵构一看,顺昌危机也解决了,便派人传话给岳飞:"赶紧班师吧!"

赵构自己一向主张求和,现在保卫顺昌的任务已经完成了,就想赶紧叫岳飞收手。赵构是知道岳飞脾气的,岳飞一直都想收复中原,要是乘着此次支援顺昌做出什么不可逆的事情来,就不好了。

只不过等传话的大人火急火燎赶到的时候,岳飞的军队早就已经追击金兵到了德安。

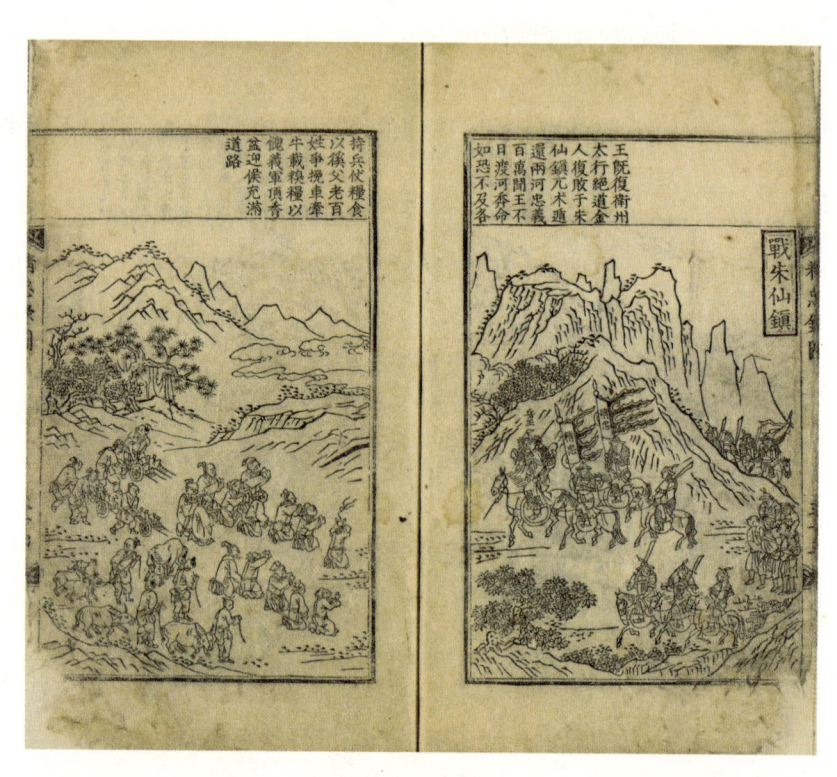

战朱仙镇　出自〔明〕姚茂良《会纂宋岳鄂武穆王精忠录》

等传话大人说明来意后，岳飞向其慷慨陈述了自己的北伐抱负，希望他能够假装没有传旨这回事，好让自己继续北伐。结果没想到还真让过河的碰上摆渡的——巧极了，这位大人也是主张抗金的，也不管会不会违抗皇命，竟义无反顾地支持岳飞北伐。

六月，岳家军吹响了他们第四次北伐的号角。

岳飞让张宪领前军，牛皋领左军，兵分两路北上讨伐。先后收复了蔡州、颍昌、陈州等地。

岳家军一路势如破竹，同年七月，他们就即将抵达朱仙镇。

这天，行军途中，太阳就像一个巨大的火炉笼罩着大地，炙烤着这片土地上的一切事物。此时，岳家军一行人也疲乏了，牛皋这种以前在山里顶着烈阳砍好几个时辰柴的大汉，今天也撑不住了。

岳飞见队伍的士气不高，于是发话："我们先在此处稍作休息吧。"

总算是能休息片刻了。没过一会儿，远处传来嗒嗒的马蹄声，一个身着宋朝侍卫服装的小伙跳下马来。

"岳飞听旨：命岳飞立即班师回朝，入临安觐见！"这位小伙念完后，便向岳飞呈上一块金牌，以示这是紧急命令。紧接着又奔来几匹驿马，宣读的旨意都是让他班师回朝。

岳飞恨，眼看着胜利在即，要是此时放弃，不知何时才能收复国土。

牛皋听了也气不过，叹气道："将军，眼看着我们就要手刃金兀术，这个时候班师回朝……"

岳飞不想留有遗憾，于是勒令岳家军继续前进，丝毫不理会这些宣读圣旨的人。可身后一直有驿马追来，所奉金牌来来回回竟有十二道。

岳家军只能被迫停止前进，士兵们此刻都静默无语，面面相觑，不知道该如何是好。

岳飞突然泪流满面，无奈地说道："君臣有别，今日就算官家要我去死，我也是不会反抗的。可叹这十年的付出，最终还是毁于一旦了！"

都说男儿有泪不轻弹，但是此时的牛皋，早已哽咽，他知道，这一路走来的风风雨雨，只有岳家军自己人懂得。就这么一会儿，牛皋就已经在心里面设想放弃北伐之后的大宋——一种是与金人签订盟约，彼此在短时间内相安无事；另一种是从此完全沦为金人的附属国，宋人只能对着金人卑躬屈膝。想到这里，牛皋露出了痛苦不堪的表情。

说罢，岳飞就和驿使走了。

军令如山，岳飞走后，牛皋只能带领岳家军被迫返回到蔡州驻防。

宋绍兴十一年十二月二十九日（1142年1月27日），秦桧以"抗旨谋反"的莫须有罪名，将岳飞问斩。五年后，秦桧又在计划要彻底将岳飞时期的岳家军主力斩草除根，牛皋就是其中最让他忌惮的一个，于是他准备效仿项羽来一场鸿门宴。

宋绍兴十七年（1147）三月初三，秦桧秘密给都统制田师中下令，让他在仁和县邀各路大将一聚。

牛皋收到邀请，心中已是明镜似的：秦桧怕是等不及了，此行自己是凶多吉少。但他还是坦然赴约。

三四月的天气总是阴晴不定的，一会儿回暖，一会又降温。这天晚上，凉风习习，牛皋刚到宴会，便紧了紧衣服。

秦桧见到他，虚情假意地问候了一番："牛将军，近来可好？"

"劳你担心，好得很！"牛皋阴阳怪气地回道。

"那就入座吧！"

入座之后，秦桧还算客气地问道："牛将军，如今从岳家军里走出来的就剩你一个人了，你要不要考虑到我门下，为我做事？"

牛皋一听，马上就怒了，心想：你害死岳将军的事我没找你算账，你还有脸让我替你办事？你这专门残害忠良的奸臣！牛皋努力地抑制住心中的怒火，说道："我牛皋也到花甲之年了，想来一个老东西为相爷你也办不了什么事情了，相爷还是在后生中多多留意吧！"

秦桧一听，这是不买我的账啊！"罢了，既然牛将军都这么说了，那还是好生休养着吧！"秦桧笑笑，给旁边的侍从使了个眼色，"还不快去把酒给牛将军满上！喝酒！喝酒！"说罢，举杯畅饮。

牛皋墓

　　牛皋将秦桧派来的侍从倒的酒喝完后，便借口离去。他的随从也懂，立马驾车将他快速送回府中。

　　"将军，我们到了。"驾车的随从喊道。结果无人应答，随从掀起车帘，发现牛皋已经睡过去。于是又拍拍他："将军，我们到了。"

　　牛皋迷迷糊糊地答道："好。"

　　可是没想到，牛皋刚一下车就口吐鲜血，顿时血染家门。随从吓坏了，一边大叫"快！来人去找大夫啊"，一边将牛皋背进房间。

　　牛皋此时已经意识模糊，知道今日难逃此劫，心中已经淡然，只是笑了笑说："我就知道他秦桧找上门来没什么好事……"说完竟又哭了起来。"可恨我牛皋征战沙场数十年，杀敌无数，没有死在敌人手中，马革裹尸还，今天却死在奸人秦桧手中！可悲啊！岳将军，今日我牛皋就要下去陪你了！咱们又可以一起并肩作战了！"说完又吐一口鲜血。

第二日，牛皋身亡，享年六十一岁。

抗金名将牛皋就这样在秦桧的暗害下含恨而终，但他的忠肝义胆、爱国情怀直至今日依然被人们传颂。

宋景定二年（1261），牛皋被追封为辅文侯，葬在了西湖的栖霞岭上。牛皋墓就和岳飞墓遥遥相望，这两人生前并肩作战，死后则共眠西湖。还有诗说："世人至今骂秦桧，何必裹尸向疆场。"到了今天，依然有杭州百姓时时拜祭牛皋之墓。

参考文献

〔清〕钱彩编次，〔清〕金丰增订：《说岳全传》，人民文学出版社，2007年。

〔元〕脱脱等：《宋史·牛皋传》，中华书局，1985年。

〔宋〕徐梦莘：《三朝北盟会编》，上海古籍出版社，1987年。

第四章
张宪：宁死也不诬陷岳飞

初露头角后,跟随岳飞进兵湖广平内乱

南宋时期,四川穷乡僻壤里的一位少年,为了实现自己的报国理想,自小习武。长大成人后,他毅然选择加入岳飞带领的岳家军。

常年习武的他身姿矫健,又因为长相尚佳,看起来已然是一个翩翩儿郎。一般人家的孩子就是想当兵打仗,也要等着朝廷去当地征兵才入伍,但是他却不一样。

凭着自己的一腔报国热情,他穿着一双草鞋就朝岳家军驻扎的河南出发。从四川到河南,可谓是翻山越岭,艰辛非常。

当他来到岳飞面前,信心满满地说"我要当兵!上阵杀敌!"时,岳飞在震惊之余,却被他脚上的那双鞋给吸引了。

"你这鞋……"岳飞对他的鞋着实感兴趣,只因鞋已被磨得不成样子。

他傻傻地摸了摸头，说："我从四川走过来的。"

岳飞一听，顿时就心生敬意："真乃大丈夫也！你这就是日夜兼程也得走上多日吧！"

他没回答，只一个劲嘿嘿嘿地笑。这个时候，正在旁边训练的岳家军吸引了他的注意，不假思索地说出一句："好威武啊！"

岳飞笑着问他："披金带甲固然威风，但上阵杀敌可不是儿戏，你真的想好了吗？"

"是的！"少年兴奋地说道。

"你叫什么名字？"

"张宪。"

岳飞此刻还不知道，这个穿着破草鞋从四川走来的小伙子，后来会成为他的左右手，随他南征北战，同生共死。

"好，既然如此，那你就要做好吃苦的准备。"

"这个自然！"

就这样，张宪正式成了岳家军的一员。

张宪在岳家军中，从最小的士兵当起，一直刻苦训练，从不松懈半分。宋高宗建炎年间（1127—1130），张宪逐渐在岳家军中崭露头角。

宋绍兴元年（1131），岳飞接到去江南西路讨伐叛将李成的命令。此时，岳飞已经对张宪信任有加，于是岳飞就将保护军队家属的任务交给张宪。

"此次出征，你就留守徽州，保护我军家眷平安，万不可有丝毫懈怠！"岳飞向他投以信任的眼神，仿佛在说：我相信你可以做好。

当岳飞在江南西路平定叛乱时，吴玠、吴璘两兄弟在抗金西线（川陕战场）与金军的对抗也是连连告捷。

宋绍兴二年（1132）正月，赵构琢磨着趁现在战事将平，想要赶紧搬到安逸的临安府。这临安和金人隔得远，又有天然的屏障可作保护，更重要的是有美景供他赏游！于是，他带着他的南宋小朝廷到了临安。

只是赵构没想到，到临安之后，每次他下达的命令都很难迅速地传达到各地。尤其是处于川陕到江淮之间的两湖地区，因为被游寇霸占，使得消息更加闭塞不通，导致调动军队也变得麻烦起来。

要是不把这些游寇收拾干净，东西线消息就长期不能有效互通，这对于抗金事业和国家的安危都有很大的威胁。

赵构被弄得心烦，眼下该如何是好？一番思索过后，赵构当即派遣岳飞前往潭州，征讨作乱的贼寇。

接到命令后，岳飞便立马召集手下商量对策。

这时，张宪率先发表了自己的看法："据我了解，现如今两湖地区主要被四人霸占——首先是曹成，他占据着道州，然后李宏盘踞岳州，马友割据潭州，而剩下的一人，刘忠则在潭州与岳州之间流窜。这些人原本都在张用的手下办事，分裂后各自为营。目前，势力最大的一支就是曹成，据说有十万大军，不过也不知真假，但的确是他们之中最强的。"

他又接着说："这些人，看似平时为了争老大的位置，常常是打来打去，但其实还是一致对外的，所以朝中每次有人前去讨伐，都讨不到丝毫的便宜。依我看，要想攻破他们，当务之急，还是要先把曹成这个大头给解决才行。不过我们现在情报太少，还是得先派前哨部队去把他们现在的情况摸清楚。"

岳飞听后，对他投出了赞许的眼神：果然士别三日，当刮目相看。岳飞说："这倒是英雄所见略同，就如此办吧！"

于是，张宪率先派出前哨部队。

宋绍兴二年（1132）三月，岳飞从洪州发兵。随后，前哨部队将搜集的情报发了回来：曹成打算放弃道州，兵分两路南下。

在探知曹成部队动向以后，岳家军快马加鞭地就直奔道州，打算截住曹成一行匪军。

只是，前方再次发回敌况："报！曹成匪军围攻桂州，桂州形势危急。"

"敌军行动如此迅速，眼下竟已到广西。张宪，你与吴锡马上取道全州，从西南进军桂州！我率队留后方包抄。"

"得令。"张宪和吴锡立马带领一队人马不停蹄地朝广西进军。

张宪一行人来到城下，一场恶战在即。

此时狂风乍起，城门口早就换上曹成贼匪的旗子。张宪见状，跳下马，从身后拿出弓箭，拉弓，瞄准那面旗子就射上去。

"曹成贼子，出来受死。"

他哪里知道，如今城中空无一匪，这曹成在几天前就得知岳家军要来，吓得早就逃跑了。张宪不战而胜，轻而易举地解除了桂州的危机。几天后，岳飞带领剩下的士兵也赶到了。

曹成这次很聪明，选择在莫邪关驻扎营寨，这地方位于桂州荔浦县的东北方向，山势险峻，易守难攻。这让岳飞等人非常头疼，硬攻不行，须得想点计谋才行。

"有了！"张宪突然计上心头，附在岳飞耳旁说了自己的计划。

岳飞听后，连连点头称赞。

此时，正有"东风"不请自来，张宪夜晚巡逻时活捉了一个曹成匪军的探子，将这人押进岳飞帐中审问。

审问途中，岳飞突然想起一事，就往帐外走去，他得分配粮草。此时，专管粮草的士兵说道："将军，我们的粮食快吃完了，但转运使还没有调粮过来，这该怎么办？"

"这……如今之计只能暂时返回茶陵取粮了！"岳飞叹了口气，战事告急，竟然在这时出了纰漏。不过岳飞也不着急。

岳飞故意将此事透露给了抓回来的敌方探子，又在半夜，叫士兵假装看守不到位，将窃取到军报的探子放回了曹成营中。

原来，这一切都是张宪之前悄悄附在岳飞耳边说的计谋！好一招瞒天过海！

得到"岳飞粮草尽，将回茶陵取粮"消息的曹成喜不自胜，准备乘岳飞军队缺粮之际，追赶过去。曹成沉浸在自己就快将岳家军打得落花流水的美梦之中。

只是他没想到，探子刚一走，张宪就连夜行军，此时早已带领一队人马埋伏在了莫邪关的附近，就等着他自投罗网。

果然第二天，天刚微微亮，曹成的军队一从莫邪关出来，就被张宪杀了个措手不及。

曹成的士兵们遭到埋伏后落荒而逃，张宪乘胜追击，抡枪将曹成军中的旗头（队前掌旗的人）刺死。这下，曹成军中没有了旗头，更是士气低沉，队不成队，彻底溃散。

张宪便趁此机会攻下莫邪关，这才让后来的围剿战役顺利结束，彻底收服曹成贼寇。

随军北伐十年，最后一战大破金军统帅兀术

岳家军平定完曹成一干匪军后，张宪又跟随岳飞平定了多地的内乱。

内乱不除，何谈外患？现在内里作乱的贼子基本上都收拾得差不多了，是时候收拾那些鸠占鹊巢的金人了。

所以，张宪在经历了多次战争的历练之后，就带领着半数的岳家军出兵汴京以南地区。

夏季天气炎热，行军将士们即使汗流浃背也没有任何怨言。没过多久，张宪就率领这些岳家军到达了颍昌。

"金国将领韩常，快快自己将城门打开！不然兵刃相见就不好看了！"张宪骑在马上大喊。

韩常没有料到赵构派了岳家军出马，只是躲在里面不敢出声。

"那就不要怪我手下无情了！"说完，张宪便挥动手中大刀，向岳家军示意强攻。一时间，弓箭手一齐将箭射向了城墙内守城的士兵。而攻城目标明确的岳家军也不费吹灰之力就将城门推开了。

此时的张宪已经今非昔比，他心想：韩常，你就这么点能耐，还敢驻守颍昌？

城门一破，顿时喊杀声一片，众士兵只管向城内冲去。韩常没有办法，带领残余部队拼尽全力才逃了出去。

这一场战役大获全胜，张宪不负众望，收复颍昌。

岳家军写意铜雕，上面刻着当年金军面对岳家军发出的著名感叹：撼山易，撼岳家军难

张宪带领的士兵们士气高涨，一鼓作气，猛冲猛打，又将陈州收了回来。

金兀术万万没想到，他用来拱卫汴京的三大重镇，在短短四天之内，就因为张宪而失去了两个。于是他慌忙聚集手下余兵，想要孤注一掷，攻下临颍。

张宪拿下淮宁府后，又指挥手下士兵前往临颍，阻止金兀术攻城。

这天，前锋杨再兴率领三百余骑兵走在前面，太阳光晃得马背上的骑兵都快看不清路了。不料，此时竟与金兀术的行军猝然相遇！即使这些岳家军个个心理素质都很好，镇定应对，但也是寡不敌众。最终岳家军以一敌十，拼死血战，全都以身殉国。

张宪在后方得知，痛心疾首，快马加鞭赶到临颍。

但此时的金兀术得知他要来，早就趁着夜色朦胧时，自己悄悄转移到了别的地方，只留下部队镇守。张宪率领众人等天一亮，便进城击破了金兀术留下的残余部队，轻而易举地收复了临颍县，为死去的将士们报了仇。

可以说岳家军几乎是在孤立无援的情况下，发动了最大规模的一次北伐，这也是岳家军的最后一次北伐。

为何说是孤立无援？还得从绍兴九年（1139）说起。

这年正月，赵构从临安发出一道"大赦天下"的诏书，以此来庆贺与金国和议，让百姓得点好处，表明天下太平。

岳飞正在鄂州练兵，他闻讯，心中只觉得讽刺：我们这些人在前线冲锋陷阵，赵构身为一国之君，不光不体恤民情，还一直主张和议求荣，真是让人汗颜！可是他毕竟是官家，当臣子的也只能唯命是从。瑟瑟寒风像刀一样不断刮向他的脸庞，他不知道这中原收复之路是否还能继续下去。

一怒之下，顾不上管兵将，岳飞就朝林子里走。

此时，张宪看见他郁结在胸的样子，便追上前说："将军，北伐大业进行到现在，假如放弃，真的是太可惜了！不如我们还是按照我们的计划继续北伐？"

岳飞答道："今日之事实在令我痛心！多年付出，最终竟换来一纸和议书，这不相当于变相求饶吗？我岳飞在战场上何曾有投降一说！"

张宪顿时也被激起了心中的愤慨，直说："将军说得没错，我岳家军从来就没有孬种！"说完，他竟挥动着手中大刀，一举砍倒了面前的树。

"可我们始终是臣子，君有命，臣不能不听。"岳飞叹气。

林中剩下了无尽的叹气声，秋风萧萧。

赵构都发话了，岳家军只好原地待命，不敢轻举妄动。

但是自古以来就是计划赶不上变化，宋金和议不久，宋绍兴九年（1139）秋，金兀术就发动政变，一举成为金国的新掌权者。

宋绍兴十年（1140）五月，他上位不到一年，就撕毁了和议约定，野心可见。紧接着便举兵南下，企图再次蚕食南宋。

在很短的时间里，金兵便侵占了河南、陕西等地，而现在已经打到了顺昌城下。

驻扎在顺昌的将领刘锜和金军对抗一阵后，无可奈何，眼见兵力悬殊，不得不上书朝廷请求援助。

赵构这才后知后觉，短暂的和平只是黄粱一梦，现在已是追悔莫及。最终他又只得叫岳飞带领岳家军去支援顺昌，对抗金军。

收到诏令后的岳飞，不作他想，只是率兵出战，毕竟军情紧急，根本没有时间可以耽搁。

张宪在一旁已经摩拳擦掌："休整了这么久，总算是找到机会能够好好收拾收拾金人了！"

接到号令的当天下午,岳家军就出发支援顺昌。

这些许久找不到对手练手的士兵一上场,就将盘踞在顺昌的金军打了个落花流水,顺昌危机就此解除。

赵构那边又开始沉溺于眼前的安稳中,传令叫岳飞一行人回去,不要再穷追不舍。意思就是既然顺昌危机都已经解决了,那你们就快回来吧!这太平日子,谁人不想过?何苦来打仗呢,既劳民又伤财。

但张宪此时,对继续北伐有点想法,便说:"将军,既然我们都到这里了,不如就顺水推舟,挫挫他金兀术的锐气。"

"我也正有此意,要是任由金兀术如此进攻下去,情况恐怕只会更加糟糕。眼下想不了那么多,我们先行军过去,再做打算。"岳飞赞同地说道。

张宪作为先行军真的是只能靠自己,毕竟他们是在违背了赵构的旨意后擅自行动的。不过所幸在这场战争中,金兀术元气大伤,后来岳飞的大军也乘胜挺进到朱仙镇。

在这次战役中,张宪作为岳飞的得力干将可谓是厥功至伟,但他也是从大大小小的战役中磨炼出来的。想当初,他还是个会因官家奖赏而激动得一宿不睡的单纯将领呢,成长如此迅速,转眼间就已成为成熟的一军领袖了。

那是在宋绍兴四年(1134),叛贼刘豫自从做了伪齐的皇帝后,胆子倒是大了起来,看见带刀的不光不跑,还强攻上去。他命李成去攻取襄阳六郡,攻势迅猛,没用多长时间就攻下了襄阳。在刘豫一方突然的猛攻之下,战事告急,随时都有打到两浙地区的可能。

眼看着各地相继失守,岳飞坐不住了,立即上书赵构,希望能够前去收复襄阳六郡。赵构前几次都驳回了岳飞的请求,但形势的确危急,他也明白其中的利弊,终于还是允了。

就这样,张宪随岳飞奔赴战场杀敌。出发之前,张宪还得到了赵构特地赏赐的金线战袍和金束带。第一次获得奖赏的张宪非常激动,一夜未睡。

在岳家军北伐的第一站,岳飞就派出了张宪和徐庆去收复随州。张宪此刻还多少有点沉浸在可以报效国家的喜悦当中,这是北伐,和平叛内乱可不一样。

张宪接令后,火速率领众人赶往随州。他心情大好,没了先前的紧迫感,甚至在马蹄声声中还听见了鸟语,尘土飞扬间闻到了花香。

只是他到达随州以后,情况却不容乐观。没想到对方战斗力强劲,张宪带领岳家军和敌军对抗了半个月硬是没攻下来。

张宪心里面不免焦急:也不知道将军那边的情况现在怎么样了。要是我最后打了败仗……唉!

他和徐庆商量了一下,决定还是派人请求援兵。

岳飞得了消息后,也是二话没说就派了牛皋前去帮忙,打一场配合战。齐心协力下,他们终于攻下随州,取得大捷。经过这次战役,张宪再也不敢掉以轻心了。

接下来的北伐中，张宪因为有了随州一战的经验，对付起敌军来更为得心应手，打起仗来也顺利了不少。

岳家军北伐的这些年里，因为各种原因，断断续续地一直在打仗。这些年，张宪每次出征都是抱着"鞠躬尽瘁，死而后已"的精气神去对抗敌军，从来不曾得过且过。

他在之后的战争中都不再轻敌，而是在仔细研究过后才会行动。这也是他可以只身打败金兀术的原因。

宁死不害主，最终被无辜冤死

这天，张宪正在军中练兵。八月骄阳似火，士兵们连续训练了一个时辰，这样下去，再不休息，身体要吃不消了。

张宪看着这炎热的天气，说道："大家都先歇一会儿吧。"

突然，从前门闯进来一群模样凶狠的侍卫，为首的那个一进来便大声叫道："张将军，请跟我们走一趟吧！"这语气听上去一点也不像是来"请"的，倒像是来抓人的。

"请问你们有何贵干？"

"你自己做了什么事情，你自己不知道？"来人恶狠狠地说。

"我做了什么？"张宪很是困惑，"我们岳将军都走了，我还能做什么？"

仁寿山叹英灵

哪知这个侍卫也不多作解释，又道："叫你跟我们走，就跟我们走，哪来那么多废话！"说罢，还动起手来了，其他人纷纷将刀拔了出来。

张宪还没明白是怎么一回事，就和两个侍卫扭打起来。在毫无准备的情况下，张宪就被束住双手，最终被擒住，押去了大理寺受审。

到了大理寺，张宪直接被带到牢房。这些人还没有对他进行审问，就不由分说，上来先把他揍了一顿。

"张宪，你招还是不招？"上来一个狱官问道。

此时张宪已经浑身是血，身体全是伤痕，有气无力地说："我招什么？你们到我练兵的场地把我抓过来就是一顿毒打，我还没搞清楚什么状况。"

"你自己做了些什么你自己不清楚？"狱官接着卖关子。

张宪突然怒火中烧："我不知道！"

"好啊！你这个逆臣贼子！自己做了见不得人的勾当，意图谋反，还在那里装！"狱官骤然凶狠起来。

张宪气不打一处来："我张宪，驰骋沙场十几年，忠心为国，何来谋反一说！"

"好了，你别装了，王贵和王俊都招了，你还接着演什么呢！"狱官依旧不依不饶，"你就老老实实地将你和岳飞干的那些见不得人的勾当都交代了吧！"

他这才明白，原来是整这一出戏：想要通过我"谋反"来诬陷岳将军谋反，门都没有！他立马露出不屑的表情，朝狱官吐了一口唾沫："我呸！"

狱官气急败坏："来人哪，给我打！"

张宪饱受折磨，还是连哼都不哼一声，什么都没招认。

这时，狱官命令两个手下将张宪绑在架子上，问他："张宪！你招还是不招？"

"我张宪对大宋忠心耿耿，从来没有做过半点对不起大宋的事，你要我招什么？"张宪说罢，冷哼一声。

这时，狱官突然改变了口气，说道："张宪，假使你承认你与岳飞有谋反之心，助相爷除掉岳飞这个眼中钉，保管你下半辈子无虞。这笔买卖可不亏，你自己想想清楚。"

张宪一听，果然是秦桧这个奸臣使坏，立马就说："我今日就是死，也绝不可能做这种丧尽天良的事！更何况，我从未有过谋反之心！"说完，就将脸撇了过去，再也不看狱官。

狱官笑道："你不说，我们也有的是法子让岳飞从这个世界上消失！等着瞧吧！"

没想到，过了几天，张宪真的在狱中见到了岳飞。岳飞、岳云二人都遭受了不少酷刑，但仍然宁死不屈。审理他们的狱官只好自己编造罪名，说张宪曾因岳飞写的一封书信而谎报军情，妄图趁此机会造反，这封信已经被张宪烧毁，但他们的罪行却是不能因此而被抹去的。

就这样，秦桧竟要以"莫须有"的罪名将二人处以死刑。

宋绍兴十一年十二月二十九日（1142年1月27日），岳飞被赐死于大理寺。

张宪得知二人被判死刑后悲痛欲绝："怎奈一生戎马、为国为民的人最终却落得如此下场！老天爷，你睁开眼看看吧！"

这时，一个狱卒打开牢门，一言不发，粗鲁地将张宪押上囚车。

张宪知道，自己也将迎来人生的末日，只是遗憾如今奸臣当道，再也看不到收复中原的那一天了。

临安众安桥附近热闹非凡，车水马龙。百姓看着张宪的囚车来了，议论纷纷，有人说："听说没？这人是个叛徒呢！"

又有人说："不可能！张将军是岳将军手下的得力干将，绝不会做这种谋反的事！"

一时间，说什么的都有。

张宪在囚车上也听见了，但此刻的他已经不在乎了，他已经做了自己该做的事情，剩下的就让后人去评说吧！

张宪看着底下的百姓，又瞅了瞅天上的烈日，他想到了宋绍兴十年（1140）七月的那天，也是一样的骄阳，一样的无可奈何……

那时，张宪成功拿下金兀术用来拱卫汴京的几大重镇后，与岳飞大军会合，乘胜追击，准备挺进朱仙镇。

"将军，如今我们就快进入朱仙镇了，想来我们光复中原的大业就快实现了！"张宪兴奋地说道。

但此时岳飞却开心不起来，因为最近几天他的眼皮一直跳个不停，总感觉要发生不好的事情。他心不在焉地回答："嗯……"

牛皋在一旁倒是没什么反应，还是傻乎乎地和张宪说说笑笑。

殊不知，在岳家军冲锋陷阵的同时，秦桧一直在赵构身旁，煽动赵构让岳飞班师回朝，说什么"孤军作战不利"，还说什么"劳民伤财"……总之，最终秦桧

张宪墓

给赵构下的结论是：只有跟金人议和，才是十全十美的办法。

于是，当岳飞一行人顶着烈日行军前往朱仙镇时，后面突然有人喊道："岳将军，留步！"

岳飞一行人纷纷望向后方，此人立即跳下马来说道："岳飞听旨：命岳飞立即班师回朝，入临安觐见！"说完，他就向岳飞呈上一道金牌，表明这是圣上的紧急命令。紧接着又跑来几匹驿马，宣读的旨意都是让他班师回朝。

张宪和牛皋面面相觑，张宪率先打破宁静："将军，我们还要不要继续前进……"

牛皋也叹气道："将军，眼看着我们就要手刃金兀术，这个时候班师回朝……"

岳飞一时语塞，他在心中进行了一场斗争：要是回朝，十年付出就毁于一旦了。可不回朝，又……最后，他看了一眼跟随自己多年的岳家军，不管了！——"继续前进！"

张宪和牛皋对视了一眼，眼中都透露着对岳飞的佩服以及"将军，我们支持你！"的眼神。

只不过，在他们继续前进的路上，身后一直有驿马追来，宣读的旨意都是那句"班师回朝"。前前后后加起来，所接金牌都有十二道了！

岳家军被迫暂停行进，全体士兵望向岳飞，进退两难。

岳飞突然泪流满面，无奈地说："皇命难违，今日就算官家要我去死，我也不会反抗。可叹这十年的付出，最终还是毁于一旦了！"

张宪本就为杨再兴为国捐躯感到痛心，现在看着北伐再次被叫停，自己也无计可施。他只能捶胸顿足，以此发泄。

他们的北伐梦想，在此刻终于还是结束了。

岳飞回朝后，秦桧想要让岳飞彻底断了北伐的念想，处处找岳飞的茬，总之就是不想让他好过。在岳飞被解除兵权后，秦桧还在想法子要将岳飞除之而后快。

后来，张宪任鄂州驻扎御前诸军副都统制。紧接着，就发生了主将二人接连被捕的事情。回忆至此，多说无益，张宪心里只想着：既然岳将军已死，我也绝不独活。

刑场上，随着刽子手的手起刀落，一代爱国名将就此陨落。张宪临死前只说了一句："岳将军，属下来见你了！"

宋绍兴三十二年（1162），张宪的冤案得以平反，"追复龙神卫四厢都指挥使、阆州观察使，赠宁远军承宣使"。

张宪宁死不屈的事迹，直至今日依然感动着人们。众安桥这个地方也因为张宪、岳云、施全三人在此陨落而设立了一块纪念碑，上面写道："众安桥南宋三英烈碑"。这些都为杭州增添了几分爱国的人文色彩。

参考文献

〔元〕脱脱等：《宋史·张宪传》，中华书局，1985年。

第五章 施全：为天下人行大义

上朝途中，一把斩马刀向秦桧袭来

宋绍兴二十年（1150）正月，临安城还沉睡于黑暗中，街巷小道间的打更人已经敲过最后一道更鼓，回去休息了。因为是正月，百姓们刚过新年，又迎元宵，加上冬日惯常的惫懒，都在被窝中睡得很熟。

望仙桥下的浣纱河还没结冰，正昼夜不停地流动着。望仙桥附近都是些太医局、牛羊司、宗阳宫、都茶场之类的场所，这个时刻天还没亮，自然还没有人，它们正被寒冷的黑夜笼罩着。

此时，殿前司小军官施全已经悄悄蛰伏在望仙桥下，等待秦桧的到来。他早就摸清楚了秦桧的上朝路线，知道望仙桥是秦桧上朝的必经之地。只要秦桧从这儿经过时，他从桥下翻身而上，就可以……

突然，望仙桥东的一座府邸亮起几盏明灯，隐约可以听见侍从小心跑动的声音。在这座府邸的卧房中，一个头发乱糟糟的，正由着侍从们收拾衣装的老人正是秦桧。

他两条眉毛耷拉着向下弯曲，略微花白的胡子乱得像是粘在下巴上的，单眼皮的两只眼睛一看就在走神，一脸苦相。如果不是他一身官袍，乍一看你会以为这是个憨厚的老实人，绝对想不到他竟然是个祸乱朝纲的大奸臣。

"官人，官帽！"见秦桧走神，他的夫人王氏拍了拍他的胳膊，示意他戴上官帽，"一朝宰相怎么能衣冠不整……"

"时候不早了，我该上朝去了，晚间给娘子带丰乐楼的瓠羹和糖脆梅。"秦桧怕时间快来不及了，赶紧理了理衣装，快步出门了。

上朝的轿子已经备好，秦桧拢了拢衣袖就钻进温暖的轿门中。"吱呀——"一声，连着小幅度的颠簸，他就感到自己被轿夫抬了起来，正稳稳地往大内方向赶。

坐在轿中的秦桧虽然有些犯困，但他的心情依然很好。他不排斥上朝，因为他十分得意于自己现在的成就，每次上朝时官员们对他的奉承都是最好的证明。

不一会儿，秦桧的轿队就来到了望仙桥头。望仙桥一带有许多官员宅邸，轿队一路走来，路旁各府邸屋檐下挂着的灯笼将道路照得红彤彤的，连浣纱河都泛着隐约红光。

此时，许多上朝的官员也来到了望仙桥御街上，他们有的乘着轿子，有的则是步行，见着相熟的官员还得停下步子打个招呼。望仙桥是朝中部分官员们上早朝前的必经之地，因为穿过望仙桥不久，就到了朝天门，经过朝天门后就离大内不远了。望仙桥连接新开门和朝天门,是距离朝天门最近的一座桥,朝天门又在御街之上,故而望仙桥实乃临安城一是要害之处。

有官员的仆从认出了秦桧的官轿,赶紧带着自家大人闪到一旁,让太师先过。秦桧虽然坐在轿内,看不见前方发生的事,但他能凭借周遭的窃窃私语判断有人给他让了道。

他得意地捋了捋胡须,心想:自从岳飞死后,和议更坚,这几年说我权势滔天也不为过。我被加为太师,又晋封为魏国公。当初反对我的赵鼎和王庶都被我略施小计贬出了京城,永不复用。多年来官家对我也是信任有加,朝中政事都要询问我的意见……

这时天已经蒙蒙亮,望仙桥御街上来往的人变得更多,除了上朝的官员,还有些担菜挑货的农人路过。抬着秦桧的轿夫们抬头望了望前方,朝天门的影子已经显现出来,经过朝天门,不远处就是大内了。

在望仙桥附近一家民居中,一群身穿布衣的军汉焦急地等候着施全的消息。这群军汉便是施全在殿前司的同僚和曾经岳家军中的士兵。大家都十分崇敬岳将军,也都十分厌恶秦桧卖国议和的行为。于是大家便都聚集在了一起。

今天就是揭晓他们所定计划是否能成功的时候了。

几天前,施全也站在这里,和他们一起。那会儿众人一起谋划大事。自小长在临安的施全早早就摸清了秦桧上朝的路线,知晓秦桧何时出门,何时到达何处。另一人则是摸清楚了秦桧身边的守卫情况,知晓他们何时何地会格外警惕,何时何地会放松警惕。

查出秦桧出行路线的那人，一边以手沾酒在桌上比画，一边说道："因望仙桥繁华且距离朝天门不远,这时候，秦桧的守卫们警惕性已经降低。这样，只需要有一个人埋伏在望仙桥下，等秦桧的轿子经过望仙桥时，暴起，就可以……"

"那谁去呢？这人必须要有舍生忘死的大义之心，又必须武艺高强、胆识过人，还得十分熟悉望仙桥。"又一人提出。

这时，施全挺身而出，说道："我去吧！没有人比我更合适了。"

如今一切都已经准备就绪，他们这群人只能在这间小屋子里等消息。一人望着窗外望仙桥的方向喃喃自语："也不知施全怎么样了，成功没有？"

从秦桧府邸到望仙桥，路程不算太远。这会儿轿夫们还直打哆嗦呢，只想赶紧将秦桧送达，再找个地方暖和暖和身子。

此时，埋伏于望仙桥西挽的施全已经看到秦桧家的轿子，那轿子威风八面地一路朝望仙桥方向来。施全也听到官员跟秦桧打招呼的声音越来越近。他屏气凝神，拿着一块帕子不停地擦拭手中的斩马刀，心跳得越来越快：快了，很快我就可以……

随着秦桧轿子的靠近，望仙桥也整个显露出来。在整个临安城中，望仙桥也算是热闹、出名的地儿。朝天门处有大佛寺、裕民坊等好去处，往北去又能到临安城中著名的北瓦，内有十几座勾栏，杂剧、相扑、皮影、杂技、说话等节目更是层出不穷。这附近食铺又多，所以夜市一开，许多游人就会过望仙桥往北坊去。

轿夫们早就习惯每日重复的行程：从秦府出发，穿过望仙桥，经过朝天门，将秦桧送去办公。他们一点都没意识到今天有什么异样，只是顺着步子往前迈腿。当前面的轿夫踩上望仙桥最后两三级台阶时，变故就发生了。

一个身形魁梧的大汉不声不响地从望仙桥下翻身而上。他弯腰蹲在扶手上，双眼来回巡视，从那些惊慌失措的百姓头上，再掠到不明所以的官员身上，很快就将目光锁定到秦桧的轿子上。他知道，秦桧就在里边。

这个汉子就是在望仙桥西挽等候秦桧的施全。他已经迫不及待了。

只一眨眼的工夫，这个孔武有力的汉子已经纵跃到前面的轿夫身旁，目露凶光瞧着轿内。那轿夫停下脚步，震惊地侧头打量这个从天而降的人，赫然发现他手中拿着一柄长刀。

不光他看见了，好几个轿夫都看见了，顿时吓得集体大喊："刺客！有刺客！"

秦桧遇刺，猜疑刺客是谁

几个轿夫在呼喊的同时退后一步，将秦桧的轿子放在平地上，让随行的几个行程官团团围住。

"你是什么人？"一位行程官拨出长刀握在手上，双眼怒视那个刺客，还不忘让人报上名来。

施全却并不理会他,手中大刀翻转,朝他的喉咙砍去。

几个行程官互相看了一眼,明白来人不是寻常人,是个常年习武的,不好对付,须得小心。随即他们纷纷举刀上前,和施全缠斗在一起。

轿内的秦桧本来正在回忆过往风光,冷不丁听见轿夫喊"刺客",顿时吓得冷汗直冒。他自己心里清楚,这么多年自己能够平步青云,可不是因为他业务能力突出,做了多少上不得台面的事估计自己都数不清。一听有刺客,他心里升起的第一个念头就是:难道是以前哪个冤死鬼的亲戚来寻仇了?

百姓们和别的官员看见这里打打杀杀的场面,早就吓得躲到一旁去了。秦桧避无可避,只能缩在轿子里听外面的动静。

施全勇猛异常,独自与几个行程官缠斗都不见落了下风。他左手握拳,右手持刀,抬手劈开一名行程官的刀,左手顺势就是一拳打在对方胸口。一刻钟后,几个行程官不光没有拦住他,还纷纷挂彩了。

"太师,那刺客拿的是斩马刀,肯定是行伍之人。"负责贴身保卫秦桧的行程官贴近轿门,低声对秦桧说,"已经有人去报官了,您放心。"

秦桧哪里能放心,他一掀布帘,就看见那个刺客甩开几个软泥似的行程官,举刀朝他奔来,三魂当时就吓得飞了两魂,只顾大喊:"拦住他,拦住他!"

秦桧以前虽然偶尔也会担心自己的人身安全,多年来他作恶多端,却从未遭遇过今天这种赤裸裸的刺杀场面。

北宋自建立以来，重文臣轻武官，导致朝堂上有话语权的几乎都是文臣。这些人凑在一起久了，除了产生些口角，从来没人想过要大打出手。毕竟大家都是斯文人，得讲求风度。因此，虽然北宋与南宋政坛上党争无数，但他们对待败方其实比其他朝代更宽容，一般是想尽办法将人流放，很少有动刀动枪杀人的。

具体的事例可以参照王安石、苏轼与司马光之间的纠葛。照苏轼那样"左右不逢源"的性格，如果处于别的朝代，可能早就被政敌害得身首异处了，根本没机会纵游中国山水，作诗写词无数。

所以到了秦桧这个时候，尽管站在秦桧对立面的大有人在，被秦桧利用各种借口贬官、罢官的人也不在少数，但就是没有人想过要用点非常手段，杀死这个该死的奸臣。

一定要说谁动过杀人的心思，那这人就是韩世忠。一直坚决主张抗金，要求收复中原的韩世忠注意到了秦桧这个人。

韩世忠大概了解秦桧的生平后，陷入了沉默："一个纯文臣，不会半点武艺，被掳去北方后竟然毫发无伤地回来了，还撺掇官家与金议和。我看他早就叛变了，就是金人故意放回来的探子！"

韩世忠收到消息，宋金使节张通古往来正好要路过淮东。这可把韩世忠乐坏了，从我的地盘上过，叫你有命来，没命回去！

因为赵构也同意议和，所以韩世忠决定做点儿手脚，把自己的嫌疑摘干净。他暗中安排自己军中的士兵，让他们装扮成"红头巾"，也就是当时的土匪。等宋金使节张通古一进淮东，就冲出去劫杀他。张通古一死，就可以顺理成章地挑起宋金两国间的矛盾，议和的事自然就吹了。

这个主意确实比直接刺杀秦桧更上道，可惜韩世忠这事儿做得不够干净。这么要命的事也能被泄露，好死不死还泄露给赵构和秦桧知道了。这下好了，劫杀张通古不成，反倒让秦桧记恨上他了。

眼看那刺客和他的大刀已经到了跟前，秦桧也顾不得体面，迅速弯腰躲进轿子里，心里更加断定：别人没这么大胆子，这个刺客还是行伍出身，指定就是韩世忠指使他来杀我的。韩世忠也不是第一次干这种龌龊事了。

几个受伤的行程官早已倒地不起，无力再来阻止施全扑向秦桧。施全看见秦桧的瞬间，额上青筋暴起，手中的大刀更是一刻不迟疑地竖着劈下来。秦桧一个打滚就从轿子里摔出来，而施全手中的斩马刀快速劈砍几次，其中一刀正中轿中的一根立柱。

哐当一声，立柱被砍断，矮小的轿子顿时四分五裂。

"快，抓住他，抓活的，我要亲自审问！"

施全听见背后秦桧突然充满底气的声音，转头就看见一队士兵，个个手执刀枪，将他像困兽般围在其中。施全明白，大势已去，自己怕是不能杀死秦桧，给他崇拜的将军报仇了。施全咬咬牙："不，我不甘心，我一定要再拼一把！"

众安桥南宋三英烈碑

"抓住他!"

随着军校一声令下,前来护卫秦桧的士兵蜂拥而起,朝施全扑过来。纵使施全有九牛二虎之力,也架不住这么多人同时围攻。他手握斩马刀,挡下几人的刀枪后,虎口生疼,手臂微微发麻。

众士兵见施全站在原地不再动作,以为他已经放弃挣扎要束手就擒,索性放缓攻势慢慢逼近他。一步,两步,三步,四步,眼见士兵的包围圈越来越小,一直沉默不语的施全却突然暴起,将斩马刀横在胸前,直愣愣地朝秦桧冲过去。

护卫的士兵一时不防,被施全硬生生将包围圈冲开一道口子。在散乱的人群中,施全一眼就看见官帽歪斜、惊慌失措的秦桧。于是施全集全身之力,快步冲到距离秦桧两米左右之处,右手使劲,斩马刀已经破风砍向秦桧……

刀口已到秦桧一臂之外，突然，被追上来的一名军校横刀一接，堪堪为秦桧挡下一击。施全随即与军校打斗起来，众士兵从惊变中回过神来，再无顾忌。几人冲上去合力捉住了施全的手脚，夺下施全手中的斩马刀，快速用绳子将施全捆了个严严实实。施全闭上眼睛，明白自己再无可能杀死秦桧。他拒绝再看秦桧的威风，也不想再看临安城中他敬仰的将军护下来的繁华景象。

此时，秦桧才从惊吓中回过魂来，不顾坠地的官帽，冲到施全跟前，气急败坏地骂道："你是不是得了失心疯！"

不是岳飞旧部，只是想为天下人行大义

此时，望仙桥四周竟比元宵灯会还热闹，里三层外三层的围观人群一直排到了朝天门。望仙桥前的空地上，一座被毁坏的官轿吸引了众人的目光。立柱被拦腰砍断，轿子的四面也被捅了几个窟窿。听说这是一个刺客用斩马刀砍出来的，这得有多大的仇怨？

官轿之外，几十人的护卫队以此为中心，形成一个包围圈隔离了人群。

包围圈左侧的秦桧见刺客已经被制住，捡起地上的官帽稳当地戴在头上，又理了理褶皱的官袍，这才从那个气急败坏的形象上转变过来。他咳嗽两声，清了清嗓子，然后故作镇定地说道："这人胆敢行刺当朝太师，自不量力，把他押入大理寺，由我亲自审问。如果有人知晓他还有同谋却知情不报，一律同罪。"

说完，几名士兵就押着五花大绑的施全走上望仙桥，往大理寺去了。历经这一变故，秦桧也没了上朝的心思，只想赶紧从这个胆大包天的刺客嘴里撬出幕后主使。

昏暗的大理寺牢狱中，一间又一间的牢房紧挨着，通道里散发着一股腐臭味。如果是不常来这里的人，一定受不了这种味道。但秦桧不同，大理寺可是他处理政敌时最常去的地方，这里的气息他已经十分熟悉了。

那个刺杀秦桧的汉子才进来不过一刻钟，已经变成一个血人贴在墙上。他面前站着一个狱卒，身旁的桌上则放着不同的刑具。他几乎与每样刑具都打过照面了，被皮鞭抽破的衣衫混着血水粘在皮肤上，眼睛却依然炯炯有神。

"说，是谁派你来刺杀我的？"秦桧坐在桌旁，亲自审问。

施全冷笑一声，呸了狱卒一脸，骂道："你这个奸相，人人得而诛之，要谁指使？"

秦桧干瘦的脸在昏暗的光线下显得阴沉可怖，他喝着茶，抬眼看向那汉子，不怒反笑道："你拿的是斩马刀，你是行伍之人。我现在的地位可以说一人之下万人之上，敢来刺杀我的人屈指可数。"说完，他又突然凶相毕露，"是韩世忠指使的你，是不是？"

施全听到秦桧这番荒唐言语，认为他想要利用自己陷害他人，忍不住大笑出声，骂道："奸贼，你休想陷害忠良。我杀你不是受谁指使，只是因为天下人都要杀金人，只有你不肯。你身为当朝太师，不想着延续国运，只想着让我们大宋对金人奴颜婢膝，所以我要杀了你！"

秦桧似是被这一番言论震到了，他目瞪口呆，仿佛看见当初怒斥他的韩世忠和岳飞的身影与眼前的人重合了。

"太师，这人查出来了。"秦桧正恍惚，身后一名大理寺官员走近，双手奉上有关今天那刺客的调查报告。

秦桧不发一言，低头查看这个刺杀他的人的身份。

这人叫施全，钱塘人。只是个殿前司小军官，过去也没有与什么大人物有过来往，只是周遭的人都知道他崇敬岳飞，是岳飞的头号拥护者。

秦桧暗自咬牙切齿，心想：难怪能躲过夜里的巡查，埋伏在望仙桥下等我，原来是本地人，熟悉地形。一个小小的殿前司小军官也敢行刺当朝太师，我还以为韩世忠是幕后主使，没想到这人竟然是因仰慕岳飞而要刺杀我。岳飞啊岳飞，你真是死了也不让我安稳。

这名大理寺的官员不知道秦桧心中的百转千回，只是请示他："太师，这人怎么处置？"

秦桧冷眼看了看已经被打得不成人形的施全，一声令下："处以极刑，让那些蠢蠢欲动的人都瞧瞧，行刺我是个什么下场！"

这日，临安城不复往日喧哗。百姓们都知有位义士行刺秦桧不成被捉，将在今日正午于闹市处斩。正月的天气依然寒冷，但许多百姓宁愿受冻也要来送施全最后一程。

众安桥闹市处从早上就聚集了很多人，其中不乏来看热闹的平民。施全双手被绑在身后,跪在地上,但他的头颅却始终仰望天空,脸上丝毫不见屈服的神色。施全心想:我死不足惜,只可惜没能杀了秦桧狗贼,为岳将军报仇,也没能阻止秦桧向金国奴颜婢膝,毁了我大宋朝的气节。我真是不甘心!

时间一到,刽子手手起刀落,施全义士就此离开了这个世界。

施全虽死,但他给秦桧造成的后遗症不小。自望仙桥行刺事件后,秦桧每次出行都要带上五十名士兵,手持长枪保卫自己,生怕再有人效仿施全,要他老命。

杭州城的百姓被施全的义举感动,悄悄在众安桥施全就义处为他建了施公庙,供奉他的英魂。还有百姓传言他是岳飞旧部,不满秦桧害死自家将军,蛰伏九年就是为了给岳飞报仇。

其实并非如此,施全只是一名普通的殿前司小军官,并非岳飞旧部。苟利国家生死以,岂因祸福避趋之。施全只不过是看不惯秦桧的所作所为,不愿大宋在秦桧手中受金人羞辱。他集一身勇气刺杀他,只是为天下人行大义罢了!

众安桥处的施公庙一直从南宋时期一直保留到1992年。1936年,众安桥一带填河筑路,许多桥梁都被拆除,只有众安桥东侧的桥栏和施公庙被保留下来。1992年,杭州市政府拓建庆春路,残破的施公庙才淡出人们的视线。

旧传十五奎巷中有一座施将军庙,殿中供奉的就是南宋殿前司军士施全。如今,庙也已废圮,但施全的忠义精神一直在杭州流传,也潜移默化地影响着杭城的历代英雄忠烈。

参考文献

〔宋〕徐梦莘:《三朝北盟会编》,上海古籍出版社,1987年。

〔宋〕李心传:《建炎以来系年要录》,上海古籍出版社,2008年。

〔宋〕黎靖德:《朱子语类》,中华书局,1986年。

第六章

陈文龙：用生命捍卫气节

不畏权贵，陈文龙对阵当朝宰相

宋景炎元年（1276）除夕。

这天本该是阖家团聚的日子，一家人应该围着饭桌热热闹闹地拜年、说吉祥话、品菜肴，享受一年到头难得的欢乐时光。但今年的大宋子民却注定要过一个不平凡的新年。

此时，元军已兵临城下，百姓们逃的逃，躲的躲，更有因在战争中受伤没有挨到过年的可怜人。

几天前，抗元大将陈文龙在兴化战败，而后自杀未遂被捕。如今，他正在押送临安的途中。和原本热闹的日子对比起来，真是一番凄凉滋味。

宋咸淳四年（1268）五月，陈文龙考中状元。殿试时，宋度宗赵禥审看了考卷，立刻就被陈文龙的文采折服。赵禥当场赞美道："真是锦绣文章啊！"随即钦点陈文龙为新科状元。陈文龙从众多考生中脱颖而出，夺得第一。这时陈文龙已经三十多岁了，寒窗苦读数十年，终于高

第六章　陈文龙：用生命捍卫气节

陈文龙像

中状元，实在令人欢喜。

陈文龙，原本名叫陈子龙。他父亲给他取名"子龙"，是希望他成人后可以像三国时期的赵子龙一样，满腔热血，又忠又勇，成为人中蛟龙。赵禥因欣赏陈子龙的才华，又将他的名字由"陈子龙"改成了"陈文龙"。赵禥还给陈文龙赐字"君贲"。"贲"，此处指贲临，有贵宾贺临之意，"君贲"意为陈文龙就是赵禥期待已久的人才。

这一年可以说是陈文龙的人生巅峰了。

自此，这位叫陈文龙的人开始在南宋的历史舞台上书写他的铁血忠勇人生。

陈文龙因得到了皇帝的赏识，初登仕途便得以破例加官，任镇东军节度判官，驻守越州。有人羡慕陈文龙能到越州任职，越州可是个物产丰富的膏腴之地，但也有人替陈子龙担心，越州多是皇亲国戚，一旦出了什么事，陈文龙不好交差。

这个担心并不多余，越州一直以来都是皇亲国戚聚集的地方。每次到越州上任的官员，都十分忌惮这群皇亲国戚。偶尔有官员想要挑战权威，便立马被"请回去"种田了。所以在越州想要办实事很难，这些有权有势的人总会来插一脚，使人难以做到秉公执法。

谁也没想到，陈文龙竟然是一个硬气非常的人。

陈文龙一上任便公开宣言：为官"不可以干以私"，言外之意是：不管多大的官，都不可以以权谋私。这一套潜规则在我陈文龙这里不顶用，不必白费心机！

陈文龙一直深受自己曾祖父"人才当以气节为主"的观念影响，从小就立志要当一个忠君报国的好官。他想：倘若我也随波逐流，顺应官场上的那套媚上欺下的行事作风，那做官又有什么意思？我陈文龙，就是来报效国家的！

陈文龙为官后，革除弊政、不徇私情、关心百姓民生，政绩卓越，深受镇东军元帅刘良贵的器重。不管大事小事，刘良贵都会先和他商量。陈文龙也算是刘良贵的得力助手。慢慢地，陈文龙名声在外，百姓都夸他是个好官，而他的官场同僚也十分敬佩他。

这时，当朝宰相贾似道正好在暗中培养党羽，希望能扩大自己在朝中的势力。贾似道心想：陈文龙这个人既能干又深受皇帝赏识，假如能够将他收入麾下，必定能扩大我在官场上的势力。于是，贾似道一有机会就会向赵禥推荐陈文龙。在短短几年里，陈文龙就接连升官数次。

贾似道以为自己这样做，陈文龙就会感激他，乖乖听他的话，但陈文龙根本不买贾似道的账。陈文龙心想：现下南宋已是风雨飘摇，本该全力匡扶社稷才是，哪里还有心思去管党羽之争？我陈文龙是借了贾似道之力晋升，但我做的事却是问心无愧。

此时，贾似道权势很大，许多官员畏惧贾似道的权威。因此，官场上有一个惯例，朝廷官员上书之前，都会把自己的稿件给贾似道审阅。而陈文龙哪怕是得了贾似道的提携，却依旧特立独行，丝毫不理会这个惯例。陈文龙并不顺从贾似道，他甚至还将一些贾似道弄权误国的丑事上书给皇帝。

不过，只要贾似道不作怪，陈文龙也只是在这种小事上与他对抗。但宋咸淳八年（1272）的那件事，让陈文龙第一次公开对阵贾似道。

宋咸淳八年（1272），贾似道的门客浙西转运使洪起畏为搜刮民脂民膏，向贾似道提出推行"公田法"：只需用增印的会子等为资金来换取百姓的肥沃良田，再将田租给百姓，高额收租。贾似道一听，高兴坏了。这种永远不会赔本的买卖，贾似道希望越多越好。他立马让洪起畏去将此事落实，越快越好。

于是，家中田地本来就少的百姓在土地强行被征后，失去了收入来源，导致"六郡之民，破家者多"。在一片战火纷飞中，大小城镇之间又多了一些无家可归的百姓，大街小巷之中充满了民怨。

陈文龙知道了贾似道这点破事，气愤极了，同时又心疼这些可怜又无力反抗的百姓们。他忍无可忍，上书皇帝，慷慨陈词：

"我朝本来就处于一种很不利的境地，外面有元兵攻击，里面又是一团糟糕。百姓的日子已经很不好过了。此时推行'公田法'，无疑是将穷苦百姓唯一的生活依靠都断绝了。再这么下去，国库是填满了，可民心就散了啊！还望你能够再三思量，严惩洪起畏，别让丞相再推行'公田法'了！"

赵禥虽然没有什么实绩，在此刻也还算明理。他立马下诏让贾似道停止实施"公田法"，这才平息了民怨。

百姓们听说了陈文龙为他们的利益据理力争，纷纷拍手称赞，还夸陈文龙是朝阳中鸣叫的凤凰。

贾似道得知此事过后，十分生气。至此，陈文龙和他的梁子算是结下了。

陈文龙忠心为南宋

宋咸淳九年（1273），襄阳被元军围攻，战事告急，襄阳军民快要撑不下去了。

临安城中，朝堂之上，时任秘书省校书郎的陈文龙冷眼看着贾似道，一言不发，心中却是早已看透贾似道的把戏，十分鄙夷。

贾似道做官一直以来都是不作为的。对于南宋可能面临灭亡的危机，贾似道丝毫不在意，每天仍旧泡在酒池肉林里。贾似道能为南宋做的贡献，恐怕只剩下别添乱了。

此时襄阳告急，担任太师、平章军国重事的贾似道不得不装模作样地要求上前线。只见他作欲哭状，说道："陛下！如今襄阳战事吃紧，微臣请求上前线监督部队！"

贾似道并非真心愿意上前线送死。在进宫之前，他早就和自己的同党说好了，要是自己在圣上面前请求去前线，那么他们就一定要在皇帝面前挽留他，不让他走。

于是这时，他的几个同党开口了："万万不可，您可是太师，怎么能离开都城呢？"

"是啊，都城事宜还需要太师来辅助皇上呢！"

结果如贾似道所愿，面子有了，他的脑袋也不用挂在腰带上了。

只是没过多久襄阳就沦陷了，成了元军的掌中之物。

造成如今这个局面，贾似道的女婿范文虎难辞其咎——原本范文虎和民兵将领张贵约好在龙尾洲夹攻敌军，结果贪生怕死的范文虎竟然半路跑了，没去赴约，反而退兵三十里。这就导致张贵战败被杀，襄阳沦陷。

在朝官员纷纷要求严惩范文虎。可范文虎的老丈人可是当朝宰相，怎么会严惩自己的女婿？贾似道在皇帝面前为范文虎说了很多好话，最后范文虎只降一级，出任安庆知府。这事儿就这么不了了之了。

一座城池失守，守将受到的惩罚只是被换到另一个地方当官。陈文龙对贾似道的这种行为深恶痛绝，单独上书痛斥贾似道。但贾似道势大,皇帝对此也无计可施。

陈文龙直接跑到贾似道面前,义正词严地说:"太师,这范文虎将襄阳拱手让给了元军,却没有承受相应的惩罚,如今还被派往安庆出任知府。请问这是什么道理?难道前线出征士兵的性命在太师眼中就一文不值?难道夜深人静的时候,你当真就没有想过你所做之事,会带来什么惨痛后果吗?你真的能够睡得安稳吗?"

贾似道一听,气得面红耳赤,心里愤愤:这是赶过来骂我的啊!真不错!有点胆量!上次和我作对的事情还没找你算账,你倒是先找上门来了!

面对忠直敢言的陈文龙,贾似道这才意识到:无论如何,陈文龙是不可能替我办事的,那么留着他也没什么用了。

接着,贾似道把陈文龙贬到了抚州。这还不够,他还想让陈文龙没官做:你陈文龙不是标榜为民请命,还以此为一生的抱负吗?那我就彻底让你没有办法实现你的抱负。

贾似道让人去收集陈文龙犯过的错,想要以此作为借口结束陈文龙的为官生涯。只是没想到陈文龙到了抚州仍旧不忘初心,并无任何过错。在任期间,陈文龙为官清廉,为百姓做了很多好事,深得民心。

这下没办法了,只能"另辟蹊径"——贾似道买通监察御史李可,让他以莫须有的罪名弹劾陈文龙,以此来达到让陈文龙被贬的目的。

在这个"顺我者昌,逆我者亡"的动荡腐败年代,陈文龙不与奸臣同流合污的个性，注定了他被排挤、罢官的命运。

就这样，陈文龙只能回兴化故里。路上，陈文龙叹息：自己一心为国，最终却落得个如此下场。

宋咸淳十年（1274），赵禥因病离世，幼子赵㬎即位，即是宋恭帝。此时的赵㬎只有四岁，谢太皇太后垂帘听政。南宋处于风雨飘摇中，随时都可能崩塌。

没过几个月，宋德祐元年（1275）春，元军兵临安庆，范文虎不战而降，还当了元军的走狗，带领元军向临安进发。不是一家人，不进一家门。范文虎的老丈人贾似道，也逃到扬州保命去了。

元军不断逼近临安，情况危急，朝廷急缺能够带领大家对抗元军的人。于是，陈文龙临危受命，没有一声怨言就到临安复职。果然，于国家危难之际最能看出谁才是忠臣。

陈文龙被任命为左司谏，迁侍御史，后来又被任命为参知政事。但出将入相的陈文龙只是地位高，并没有实权。此刻，虽然他心系南宋江山，但对一些事情仍旧无能为力。

宋景炎元年（1276）正月，元军兵临临安城下。陈文龙见此，立马同文天祥、张世杰等文臣武将商量对策。这些人都是主张背水一战的，张世杰更是自请出城迎战。

陈文龙慷慨激昂地对张世杰说："南宋家国天下都被元人破坏了，如今兵临城下，我们只剩下一些残兵，只怕无力对抗。但是身为南宋臣子，我们一定要拿出骨气，绝不投降！只盼着你能率领众士兵出关一战，至死方休！这样我们也问心无愧了！"

只可惜当权的谢太皇太后已经吓坏了，满心想的都是投降。当朝宰相陈宜中也是一个劲地撺掇谢太皇太后投降保命。于是，谢太皇太后派人向元军投递议和书。见此，陈文龙心想：唉，看来议和之事已经板上钉钉了！我留在此处还有什么用呢？他的心中悲愤不已。

就这样，陈文龙不愿以投降换来一时苟且，便以母亲年老需要侍奉为由，请求归养，回兴化老家去了。他的辞官既保存了作为臣子应该有的节义，又保存了再次为南宋效命的本钱，也是大忠大义的表现。

死守城门，化身兴化守护神

都城临安投降后，元军将宋恭帝和谢太皇太后等人作为俘虏北上押往大都。益王赵昰很机灵，看见元军一行朝北走，自己便带领南宋残部选择南下。

宋德祐二年（1276）五月，赵昰辗转到了福州，将福州作为自己的行都。他在文天祥、陆秀夫等大臣的拥护下登基称帝，为宋端宗，改年号为景炎。

"虽然南宋宗室已经投降，但我们在这里重建都城就意味着南宋的命脉还在，抗元依然迫在眉睫。"赵昰和几个近臣说道。

"当初陈文龙辞官，回了兴化老家。现在我们可以重新起用他，想必他能为我们的抗元事业助一臂之力。"

赵昰听后顿了顿，回想了一下：陈文龙？就是之前公开反对贾似道的那人？不错，是个良人！他应道："好，那就去把他请来！"

陈文龙闻讯，喜极而泣，心中感慨道：看来复兴南宋还是有希望的！他立马收拾行装出发去福州。到了福州后，陈文龙被任命为参知政事，这个职位相当于副宰相。

没想到这陈文龙的工作还没理顺，艰巨的任务就来了。福州的抗元热情才刚起来不久，就有人在漳州进行反叛活动。于是，赵昰立即命陈文龙前往讨伐，平息叛乱。

陈文龙没有立刻领命，而是对赵昰说："陛下，微臣有另外的法子——前任漳州知州黄恮在任时为百姓做了很多实事，因此很受百姓爱戴，他在百姓心中是个很有威信的人。也许派此人前去，咱们不必消耗一兵一卒，就可制止暴乱。以防万一，微臣也会带兵在泉州静观其变。"

"既然如此，就依你所言。"赵昰对陈文龙投以信任的眼神。

于是，黄恮代替陈文龙前往漳州招安。真如陈文龙所料，黄恮到了漳州，不费吹灰之力，兵不血刃就平息了漳州的战乱。

一波刚平，一波又起，兴化出现了"石手军"，就是用手掷石头攻击与之对抗的敌方。这些"石手军"被百姓们传得非常可怕，因此没有人敢和他们作对。漳州反叛事件的圆满解决，让赵昰对陈文龙的能力更加肯定。所以解决眼下叛乱的任务，自然而然地就落到了陈文龙的身上。

"爱卿，朕命你为兴化军知军，前去解决'石手军'的问题。"此时赵昰眼中充满了对他平叛胜利的期待。其实自赵昰在福州称帝以来，元军攻势一直不减，南宋中兴之路也一直不畅，多亏了陈文龙这样能为国家鞠躬尽瘁的忠臣，才撑到现在。

陈文龙是个忠君爱国的人，接到这样的命令，当然义不容辞。他回答道："微臣领命！"说罢，即刻启程前往兴化。只是此刻的他还不知道，这一去，竟然就是他们这条中兴之路的末途——他刚走没多久，福州就被拱手让人。

宋景炎元年（1276）十一月，元军直逼福州，贪生怕死的福州知府王刚中不战而降，将福州拱手让给元军。见势不妙，张世杰、陆秀夫等人走水路护送赵昰到泉州。

投降后的王刚中受元人指使，派使者到兴化劝说百姓投降。陈文龙对此非常愤怒，他的抗元信念十分坚定：你自己想要卖国求荣，还来撺掇我兴化百姓，真是好不要脸！留下你们这些通敌叛国的懦弱之人有何用？于是他怒而将其中一个使者杀了，还愤而写了一封谴责王刚中背叛国家的信，留下一个使者将书信带回了福州。

赵昰原本以为到了泉州就可以东山再起，没想到泉州招抚使蒲寿庚和知府田真子见元军来势汹汹，早已顾不得什么南宋不南宋了。为了保命，立马将泉州献给元军。

赵昰又开始了他的逃亡生活。此时，陈文龙镇守的兴化彻底变成了一座孤立无援的城池。

陈文龙知道一场大战在即，立马发动百姓和士兵们，齐心协力做好抵抗元军的准备。可城中士兵不满一千，况且兴化城墙低矮，想要抵抗住元军的侵袭可是一件非常困难的事。这时，不乏一些动摇的百姓也开始劝他投降。

"大人，眼下情况，我们根本无力抵抗，放弃吧！这样下去，大家都得死！"

陈文龙知道百姓惊慌恐惧，也明白他们的苦衷，所以他语气平和，安慰道："我是绝不会投降的，我知道你们担心什么，你们要是投降我绝没有异议。"

紧接着，他就带领那些甘愿为南宋献身的勇士，大抗元军，誓死要守护这个养育了他几十年的地方。

虽然他们人手不多，但陈文龙自有聪明才智，他将队伍分成了两队——一队人马在城内守城，另一队则由陈文龙带领，到城外的囊山寺前埋伏，等待元军到来。

这些元军由于到处打胜仗，自以为已经是天下无敌了，所以在行军路上就放松了警惕。刚走到囊山脚下就被陈文龙的军队杀了个措手不及。

"你们这些强盗，快快拿命来！"说罢，陈文龙便冲锋陷阵，两方人马厮杀在了一起。一时间，山脚下尸横遍野，最终元军败退，陈文龙军队大获全胜！

回到城中，陈文龙制作了两面大旗——一面上书"生为宋臣"，另一面上书"死为宋鬼"。陈文龙还把这两面大旗立在了城墙上。这仿佛在向元军说：你们尽管放马过来，投降是不可能的，要命我倒是有一条！只要我陈文龙在一天，就会和你们斗到底！

这一场战争大大挫伤了元军的锐气，兴化城中的百姓也由此有了信心，他们开始相信——陈文龙，也许就是那个能带领他们走向南宋复兴的领头人。

接下来的日子，元军屡屡来犯，但兴化城门就是屡攻不破。

陈文龙率领将士们顽强抵抗，元军对此很是无奈，但与此同时，他们又有一丝佩服：没想到这陈文龙凭借不到一千的士兵，竟能抵抗多日。最终元军无计可施，只得不断劝说陈文龙投降。但想要让陈文龙归降，这可能性微乎其微。

这天，元军派出刚刚归降的太学生卢泽去劝说陈文龙。陈文龙一看，心想：此等叛徒还有脸敢来劝我投降！他怒不可遏，挥刀将其头颅斩下，顿时血溅四方。后来还将斩下的头颅悬在槊（中国古代一种冷兵器）上，以此来警告那些变节的朝臣：你们看好了，你们谁要是像卢泽一样当了叛徒，下场就是这样。

元军无可奈何，又想出了一招，他们威胁陈文龙的姻亲写了一封劝降书给他。但抗元事业走到今天，为了南宋复兴，陈文龙连自己的性命都可以不要，哪里还顾得上其他人？他见信后将其焚烧，又回了一封信说："假如这天下一直都将在战乱中度过，那还不如一死方休！我一心只求死守兴化，无须再劝！"

就这样，在陈文龙的拼死守护下，兴化总算是暂时保住了。

惨遭背叛，忠心为国，一死以证心

元军见数次劝降陈文龙无果，他又如此拼死守护兴化，于是继续加强兵力，进攻兴化。

宋景炎元年（1276）十二月，兴化城外已是黑压压的一片大军，他们蓄势待发。

百姓们见元军压境，又有人开始动摇了，大街小巷都在议论纷纷。全城充斥着"这下死定了！""怎么办才好？"这样的不安情绪。

眼看着新年就要到了，但这样的境况下，还有谁顾得上采办年货？风雨飘摇之下，有的人早就回家收拾好东西，准备逃往南方。

一个人背着行囊跟跟跄跄地跑在街上，一边跑一边喊道："快逃吧！没用了，没用了，这大宋早完了！"

街上的小孩哪里见过这种阵仗，马上哇的一声就哭了出来。他身旁的大人也紧了紧衣服，残酷的战事，让百姓们对于今年冬日的寒冷更加敏感。

陈文龙心里想着战事，更是夜不能寐。

这个时候，他身边的人又开始劝他尽早归降："大人，如今潮州、泉州等地纷纷投降，我们这小小的兴化，再硬撑下去也起不了什么作用，干脆直接投降吧。"

陈文龙本是想着如何破敌，一心想着保住兴化，没想到自己身边竟有如此没有骨气的人，还敢叫他投降，他顿时火冒三丈，怒骂道："我知道你们就是怕死！但是人一辈子最终都免不了一死！假设我是个贪生怕死的人，在临安时就已经投降了，还用等到今天？你们这些懦夫要投降便投降，不必再来劝我！"

说罢，他便立马将部将林华叫来，嘱咐道："如今局势严峻，不知外面情况具体如何。你先去侦察一下敌情，务必小心行事。"

"领命。"林华如往常一般和陈文龙商议好之后，出发了，不承想……

按照早就计划好的，林华出城了。没想到他刚到城外，就立马归降了元军。他不只归降，还主动向元军将领王世强献计："将军，管他陈文龙投不投降，首先是要打开兴化城门。我看不如这样，我将这些元兵引到城下，假装是前来增援的宋兵，这兴化不就不攻自破了吗？"

"此计甚妙，想他陈文龙也只剩下一些残兵了，就算没上当，也可强攻。"王世强露出狡黠的目光，"事不宜迟，即刻出发吧！"

叛徒林华带着元兵来到城下。在紧张的战时状态下，周围静悄悄的，一只乌鸦哇哇地叫着，冲向天际。

"曹澄孙，快快把城门打开！"林华此时的喊声显得特别突兀。城中的将士也如惊弓之鸟，听见叫喊声立马打了个激灵。

通判曹澄孙急忙向城下望去：是林华！他怎么带着这么多士兵？这打扮也不像是救兵啊？莫不是他已经投降了？现在该如何是好？他在心中对自己发出了四连问。

"林华，这么多士兵，哪里来的？"曹澄孙问道。

"这是我到福州搬的救兵！速速将城门打开吧！"林华很平静地喊道。

此时曹澄孙心中已经有了答案：昨天才出城，今日就将救兵带了回来，林华这是叛变了！可是我也该为自己的后路做打算，再抵抗也没什么用，不如就假装什么都不知道，放他进来。

于是，曹澄孙叫士兵将城门打开，果不其然，开门的士兵刚将城门打开就被杀了。他见势不妙，立马跪下向元军投降，才保住了小命。

元军进城之后，一路上都无人反抗，他们直奔陈文龙住所。

"大人，林华叛变了，他带着元军打进来了！你快逃吧！"这时，有士兵悄悄赶在元军到来之前，到陈文龙府邸告诉他这个消息。

陈文龙闻讯，面如死灰，立马瘫坐在地："南宋完了啊！这下真的完了！"但是，他此刻丝毫没有想要逃跑的心思，站起来掸了掸身上的灰，从容地走到了房间里。接着，他拿出一把匕首准备自杀，说时迟，那时快，元军统领正好赶到，将其擒获。

"林华，你这个没骨气的东西！兴化算是毁在你的手里了！"陈文龙说完，便向林华啐了一口唾沫。

林华一时无言以对，因为自己的所作所为对于一个国家来讲固然有错，但对于他自己来说，他也只是想要活命而已。

此刻，陈文龙不愿落在元军手下，仍然努力地想要挣脱束缚，他宁可自己了结性命。王世强见此，说道："陈大人，不要白费力气了，还是随我们走吧！"

突然，窗外呼声刺耳，陈文龙仔细一听，竟是走水了，他急忙说道："我跟你们走就是了，不要伤害百姓！"

陈文龙身后的元军却不顾他的呼喊，加重力气押住他，说："你给我老实点！走！"

就这样，陈文龙被推搡着抓进了元军军营，自身都已经难保，路上他却还在为百姓的遭遇痛心疾首。

这天天刚亮，元军就将陈文龙的家人也抓到了军营中，妄图以此威胁陈文龙投降。其实本来人已经抓到手，投不投降又有什么区别呢？可是元军将领董文炳却不是这么想的，多日纠缠，他还就非要让陈文龙投降不可！

结果陈文龙却丝毫没有动摇，他说："我们家世世代代蒙受了太多大宋恩泽，是绝不可能投降的！我母亲年纪大了，总有死的那天；而我的儿子从小便被教育独立，还有什么可以让我牵挂的呢？"他说得句句铿锵，早已将生死置之度外。

元将董文炳气急败坏，令身边的士兵上刑。董文炳想：我还不信，这样你都不投降！

经过一轮折磨后，陈文龙眼中誓死为南宋效忠的坚定丝毫不减，他淡淡地指着自己的肚皮说："这里面装的全都是节义文章，你以为严刑拷打我就会投降了吗？"

董文炳听后还是不死心，换了做法，好言相劝道："国家总有衰败灭亡的一天，你不过一介书生，怎么就是不懂得'识时务者为俊杰'这句话呢！"陈文龙只是说："国家灭亡了，我也当速速赴死！"

几天后，董文炳没有办法，只有将他押送到临安复命。在离开兴化的时候，陈文龙便开始拒绝进食。

在押送途中，陈文龙还写下一首《元兵俘至合沙，诗寄仲子》，其中有几句是这样说的："须信累臣堪衅鼓，未闻烈士树降旗。一门百指沦胥尽，唯有丹衷天地知。"足见他的一片忠心义胆。

到达临安后，陈文龙被羁押在了西湖太学附近。在宋景炎二年（1277）四月，他请求拜谒岳飞庙。到达岳飞庙后，他连向岳飞作了几个揖，不禁痛哭流涕。之前受的伤加上这些日子拒绝进食，已经让他的身体变得非常孱弱，这一场痛哭后，陈文龙好像做完了他活着的最后一件事，当场气绝而亡。

陈文龙死后，被葬在了西湖北山的智果寺附近，他的事迹为杭州留下了不可磨灭的记忆。清代诗人袁枚就曾有过"赖有岳于双少保，人间始觉重西湖"的诗句来赞美岳飞、于谦的忠义气节。今人王翼奇认为还不够，就在袁枚这两句基础上加上了"为有陈于两忠肃，人间更觉重西湖"一句，认为正是陈文龙等人的精忠品格，才使西湖更加光彩夺目，古韵深远。

这充分说明了陈文龙在杭州精忠文化史上的重要性，也为我们树立了很好的学习榜样。

陈忠肃公墓图

参考文献

〔汉〕班固：《汉书·赵尹韩张两王传》，中华书局，1962年。

〔元〕脱脱等：《宋史·陈文龙传》，中华书局，1985年。

汤化译注：《晏子春秋》，中华书局，2015年。

〔清〕厉鹗：《宋诗纪事》卷七十五，上海古籍出版社，2008年。

胡利红等：《"陈文龙与杭州"学术研讨会论文集》，杭州出版社，2019年。

第七章

文天祥：皋亭抗元，宁死不屈

赶赴临安，一代名将的援救计划

南宋子民在无休无止的战争中送走了咸淳十年（1274），怀着一份天下太平的祈愿迎来了德祐元年（1275）。他们原本希望新年号能为国家带来好运，但没想到他们即将迎来的却是南宋的毁灭。

临安是南宋都城，长江是它的天然防线，两淮是藩篱，想要攻进临安就要先拿下长江沿岸城市。这一次，忽必烈是下定了灭宋的决心，加强火力，誓要成为这场长达半个世纪的战争的胜利者。

文天祥，字履善，一字宋瑞，号文山。吉州庐陵（今江西吉安）人，南宋末年抗击元军，鞠躬尽瘁也没能换回大宋王朝，但是他的精神流传后世。临死也不曾变节，被杭州百姓纪念至今。

月光朦胧，一行人浩浩荡荡，终于来到临安城下。

数月前，文天祥临危受命，赶赴临安，开始了拯救大宋的计划。

宋德祐元年（1275），新年伊始依旧是战火纷飞。加急战报不断从前线传来，沿江州郡就像是多米诺骨牌一样，一座城池陷落，紧挨着的城池也纷纷倒下。

正月初一，元军以黄州为突破口朝临安进发。在不到半个月的时间里，蕲州城被破，江州的城门也被打开……临安的天然保护屏障就这样被元军逐一攻破。坐镇各地的官员看见元军的到来也是逃跑的逃跑，自杀的自杀。

随着黄、蕲、江三城投降，元军不断沿长江东下，战争局势不容乐观。长江沿岸尸横遍野，血流成河，令人心惊。

传话的驿使连滚带爬地扑倒在大殿上，哭喊道："报——皇上，前线传来消息，黄、蕲、江三城已经归降元军，不久就要打到……临安来了！"

这眼看就要打到天子脚下了，但此时的宋恭帝赵㬎还是个四岁的小孩，没法处理朝政事务，就算知道了这个消息也没有御敌良策。外患已经够多了，内忧也是片刻不停。此时的朝堂是一片混乱，国难当头，平时那些拿着国家俸禄，只知吃喝玩乐的士大夫们见情形不对，竟纷纷丢下皇帝自行逃命去了。

"国将不国！可恨这些官员一个个贪生怕死，看来是天要亡我大宋啊！"赵㬎的祖母谢太皇太后听闻战报后声泪俱下地骂道。

幸好还有几个忠心为国的臣子在。

一位大臣说："太后，现下恐怕不得不发布勤王诏

宋丞相文忠烈公像

书了。"

"是啊，是啊……"其余大臣也附和。

谢太皇太后无奈："现在看来，也只能这么办了！"她整理整理情绪，赶紧拟定诏书，发布到各个地方请求救兵。看见驿使离去的身影，她祈愿道：希望能够以此聚集兵力到临安救驾吧！

尽管战报这种机密文件不会送到百姓手中，但他们早就从大街上疾驰而过的驿马和某些达官显贵悄悄搬家的举动中，洞悉了一切——这场大战怕是赢不了了。现在勤王诏书一发布，百姓们更确信了国家会战败的推测，于是慌忙连夜出逃。此时的临安，早已不复当日繁华。

可谁也没想到，诏书发到地方，响应的人却寥寥无几，当真是"大难临头各自飞"！接到诏书后，在赣州担任知州的文天祥当即痛哭流涕，仰天长叹道："我大宋竟然已经被逼到如此地步了吗？"

紧接着，他立马回府，把管家叫到跟前，说："你立马把家中钱财清点出来。"

管家本以为文天祥疑心自己，要亲自对账目，却没料想到他这是准备把家中所有财产拿出来充当救援临安的军费！

文天祥交代完管家，又打马上街，在城中繁华地带宣言："今日国家有难，我等不得像缩头乌龟般只知道躲在自己的龟壳之内！我文某人今日就将全部家当拿出来，作为救援临安的军费，有志之士是否愿意追随我？"

这当真是令人目瞪口呆，古来为美人散尽金银的确实不少，补贴国家的倒是头一回见。一时间，城中诸人对他赞誉不绝，但说他是犯傻的也有。

这些赣州的青年才俊热血沸腾，都准备跟着文天祥干一番大事业，纷纷加入其中。

"文某人佩服各位的胆识，先在此谢过。咱们此去不成功便成仁！"说罢，他向在场各位作了个长揖。

除此之外，文天祥还派了陈继周去召集其他的志士，又联系了方兴，让他召集吉州士兵。就这样，各路英雄豪杰群起响应，最终聚集兵众上万人。

文天祥将家产捐出集聚上万援兵的风声传到临安，谢太皇太后很欣慰："想不到我大宋还有如此爱国之士！让文天祥以江南西路提刑安抚使的名义，立马率军入卫京师吧！"

接到命令的文天祥率领众人整装待发，他的朋友却告诫他："现在战况吃紧，元军兵分三路进攻，兵强马壮，你这临时找来的'乌合之众'如何能够对抗得了？这不就像是将孱弱的羊羔送入那凶猛的虎口吗？你这根本是去送死！"说完便深深叹了一口气。

文天祥却回道："明眼人也许都能看出是这么一回事，但是，宋朝国运三百多年，如今陷入危难境地，无奈发布勤王诏书，却无人响应。没有一个人、一匹马去保卫京师，在我看来这真的是一件非常可悲又遗憾至极的事！"

片刻后，他又说道："所以即使此次入京与元对抗是以卵击石，甚至就此以身殉国，我也再无遗憾。况且，我相信天下的忠臣义士，他们要是听说我的举动，肯定都会奋起救国。依靠仁义来获得胜利就可以自立，依靠人多就可以促成事业成功，如果我们也按此而行，那么国家安全就有保障了。"

身后众人听了，无不赞叹佩服。

激战横林，文天祥部队给百姓留下爱国标签

文天祥的队伍风风火火地急奔横林镇，还没抵达战场，便与元军派出的胡里喝和火麻也赤遇到，一场大战即将上演。

数月之前，文天祥来到临安，因北方战事吃紧，他立马被任命为平江府知府，准备去守护临江门户。虽然情况紧急，却因丞相陈宜中没在朝廷而延缓派遣，文天祥久久没有到任。结果足足耽搁了两个月，到了十月份，陈宜中回朝时才派遣文天祥去平江。

临行前，文天祥还不忘对只有四岁的皇帝上书自己的建议："朝廷纵容姑息了太多官员了，以至于现在的官员都很懒散，能躲起来不做事就躲起来。我在此请求你下令处斩兵部尚书吕师孟这个最不作为的官员，将他用作战事祭祀，来鼓舞军队士气。"

文天祥还说，宋朝接受了五代时期分裂割据的教训，不再实行藩镇，而是建立郡县，但是国家却因此变得更加孱弱。外敌到达一个州县便攻破一个州县，如今中原沦陷，已经来不及痛心了。

他建议应该将天下分为四镇，每个镇设置一个都督作为管事的。另外，把广南西路合并于荆湖南路，在长沙建立治所；把广南东路合并于江南西路，在隆兴建立治所；把福建路合并于江南东路，在番阳建立治所；把淮南西路合并于淮南东路，在扬州建立治所。

并且将责任分派到他们的身上：长沙负责攻取鄂州，隆兴负责蕲州、黄州，番阳负责江东，剩下的两淮由扬州攻取，并且要让他们所辖的地区范围广、力量强，这样才足够抵抗敌军。

在攻打时，要约定好日期，一齐奋起，一鼓作气，只前进，不后退，夜以继日，这样的话，敌兵就容易被打退了。

文天祥的想法很好，但是当时时局已经很复杂，没有时间去落实，而且臣子们都认为文天祥这简直是在异想天开，所以，这次的上书也没什么结果。

宋德祐元年（1275）十月，文天祥入平江。这时，元兵早就从金陵打到了常州。文天祥前脚刚到，后脚常州告急的文书就送到了他手中。没想到刚刚上任就得收拾残局，但这南宋现在不就只剩下残局了吗？

文天祥也不抱怨，只是一心担忧常州战况，无奈自己现在的首要任务就是看守住平江，不能随意调动人马。于是只能立马将消息送到临安，看看上面是否允许自己派人支援。收到消息后的南宋朝廷立马派出张全带领五千将士，并且允许文天祥派出士兵救援常州。

等到让他出兵援救常州的消息后，文天祥非常高兴——为国效忠的机会终于来了！但同时他又深感忧虑：投降之风盛行，投降分子兵部尚书吕师孟和宰相陈宜中又掌握大权，这两个人随时都有可能举临安城投降。这样一来，我们虽然喋血前方，但又有什么用呢？说不定他们还暗中指使张全破坏抗元战斗，好让元军早日打到临安城下，这样朝廷便不得不投降。想到这里，文天祥摇了摇头，叹息道："罢了！还是先去常州援助要紧。"

于是，文天祥急忙叫来朱华、尹玉、麻士龙等人与朝廷派去的张全一同去支援常州："现下常州死伤惨重，可元军不依不饶，还不断加强兵力，看来是想要一举拿下常州。现在朝廷派来的援军也来了，我想派你们几人带领士兵共同前去援助常州，你们可愿意？"

"全凭你的差遣！"底下几人异口同声。

"朱华、尹玉、麻士龙你们三人各自率领平江军、广军、赣军三支援军，马上向常州出发。"

"得令！"三人响亮地答道。

文天祥最后说了一句："记住，万不可做投降之人！"

文天祥留守平江，以防元军狡诈偷袭平江，要是连平江都被攻下，那么再无退路，临安最终只能门户大开，任元兵随意出入。他望着几人离去的背影，不禁流出热泪，心中想：我大宋子民要是个个如此，又怎能落到今天这步田地？

三支援军，水陆并进，当天就到达了横林五牧余巷。这个时候，朝廷派的张全已经抵达常州横林镇上阻击元兵。不出文天祥所料，张全果真不可靠。虽然他没有投降，做的事却比投降更可恶，他软弱到只是听说即将有一大批元军进犯就不战而逃，溜回了五牧余巷大本营。好一个贪生怕死之徒！

麻士龙、朱华、尹玉得知横林镇危急，张全却不战而退，十分愤怒。

"这该死的张全，派他来有何用？"尹玉骂道。

麻士龙却说："罢了，罢了！这朝中的投降之风我是早就领略过的了，当务之急还是快快想想对策。"

麻士龙当即带兵三千去对阵横林镇的元兵，而尹玉、朱华则带领剩下的士兵坚守五牧余巷阵地，以防这张全再出什么幺蛾子。

与此同时，文天祥在平江也是着急得不行，只得在屋子里踱来踱去。

"保卫常州，不成功便成仁，绝不能像那些投降分子一般跪地求饶！就是死，我们也要将热血洒在战场上，要让当地的百姓都知道，文天祥的部队是一支爱国为民的好部队！"麻士龙慷慨激昂地说。

麻士龙转头向身后的士兵道："今日血染沙场，他日青史留名！各位弟兄，今日忘却生死，一心为国效忠吧！"说完便大吼一声，催动战马，挥舞着手中的大刀，带头向元军冲去。

身后士兵看见如此振奋人心的场景，也激情挥刀："冲啊……"

这些轻敌的元军自以为能够一战成名，却没想到虞桥的周穗五兄弟也带领了当地两千义军到横林，这下倒是偷鸡不成蚀把米。这支骑兵被杀得措手不及，慌忙逃回常州，而胡里喝、火麻也赤两名带队将领也被擒住。

元军统帅伯颜知道此事后，勃然大怒："我还不信这小小宋军能奈我何？"伯颜知道麻士龙是孤军一支，立即调兵围剿。麻士龙一众与元军激战三日三夜，退到虞桥，无奈寡不敌众，这一场战争最终还是失败了。麻士龙身中数刀，以身殉国，而剩下的弟兄们依旧血战虞桥，悉数战死，无一逃走。

后来在横林五牧余巷与元军交战的过程中，留守的尹玉在一番殊死搏斗之后，不堪打击，也战死沙场。这一场战斗下来，只剩下朱华和少数几人突出重围，其余全都壮烈牺牲，没有一个投降的。张全这个怕死鬼全程都在隔岸观火，仿佛全然与他无关。

但是，这一场横林保卫战虽败，却让文天祥的部队在元军部队中留下了深刻的印象，他们都知道了：这支部队难打，以后只要遇见文天祥的部队，都务必小心谨慎。

朱华回到平江后向文天祥讲述了战役的过程。文天祥对于麻士龙、尹玉及众将士的牺牲悲痛万分，转念想到张全这颗老鼠屎，又气愤不已。他含着眼泪说："我们虽败，但个个都是不退缩的好英雄！但是张全这种人，以后还会有，我们千万不能忘记这一次血的教训。"

横林保卫战是文天祥部队参加抗元战争的第一次战役。这次战役虽然失败，但是，就如麻士龙将军所期望的那样，百姓们永远记住了文天祥部队是一支至死不屈的爱国队伍！

退守临安，文天祥在皋亭哭南宋

宋德祐元年（1275）十一月，元统帅伯颜南下渡过长江，打算攻取临安。他让麾下士兵分为三路：一路步兵和骑兵由参政阿剌罕率领自建康出四安，向独松岭进攻；一路由参政董文炳率水军，沿着海路前往华亭、澉浦，朝浙江会合；最后一路由伯颜和阿塔海在中路节制、调遣各军。

没过多久，阿剌罕率领的那一路便准备越过平江，打算直接攻占独松关。

得到消息后，宰相陈宜中紧急派遣文天祥带兵去独松关抵抗元军。虽然文天祥带兵打仗的经验几乎可以忽略不计，在别人看来他也不是去对抗元军的最佳人选，但对于他本人来说，他却是毫无怨言的，只要是为了国家，献出自己的性命也没关系。

结果文天祥前脚刚离开平江，后脚就得到独松关已经被占领的消息。文天祥再想回原来的平江，也没办法了。因为他刚一出平江，平江也沦陷了。

一时间长江沿岸不复往日繁华，只剩下战火纷飞，尸横遍野。见此场景，文天祥心中不由得生出一丝悲凉："这大宋的天下真的要被蚕食殆尽了吗？"

彼时，临安门户不保就意味着都城临安即将处于水深火热之中。陈宜中立即命令文天祥不必再管已经沦陷的平江，速速退守余杭。好一招弃车保帅。

于是，宋德祐二年（1276）正月，元军此时已经靠近临安外围，马上就要兵临临安城。文天祥回到临安，立马接下临安知府的重任，看来这又是一块烫手的山芋。

当下的南宋就像濒死的老人，只剩下最后一口气了。谢太皇太后和陈宜中知道伯颜领军前来，吓得惊慌失措，立马就要派人前去议和，生怕丢了小命。

后经过商议，正月初八，陈宜中和伯颜签订了一份协议，里面包括了"称臣""岁奉银绢二十五万""上尊号""乞存境土以奉蒸尝"等要求。除了这份协议，陈宜中又约伯颜改日再会面商讨投降细节。

结果这个怕死的陈宜中害怕自己会被元军扣留，半路撂挑子，偷偷逃到南方去了。大将张世杰等人因为不愿意投降于元，索性带兵出海了。

谢太皇太后本来想随意派个人去谈判的，结果伯颜却要求一定要宋朝丞相亲自到皋亭和他谈判。谢太皇太后心想：可这陈宜中早就不知道逃去了哪里，我上哪儿给你找丞相谈判？

转念一想：文天祥倒是个合适人选，有勇气，有担当。不如就让他接替陈宜中的位置去和伯颜谈判。

就这样，文天祥成了与伯颜皋亭谈判投降事宜的最佳人选，也算是临危受命了。

"文丞相，大宋的未来就看你的了！"谢太皇太后一边说着，一边掩面哭泣。

"臣定不负所托！"文天祥说道。

叫文天祥去皋亭谈判，实际上就是要签投降协议，但文天祥可不会就这么任人摆布。在他看来，虽然元军已经兵临城下，但是宋廷几百年的基业，尚据有闽赣粤、两浙、两淮等大片国土，还是有实力可以与元军抗衡的。

文天祥带着大臣吴坚、贾余庆等到了元营，只字不提求和之事。他努力压制着自己心中的悲愤，走到伯颜面前，只是略带指责地说："你们究竟是想要和我朝交朋友呢，还是存心要消灭我们？"

伯颜打着哈哈，笑道："我们可汗说过'社稷必不动，百姓必不杀'，意思已经很明了了，目前没有消灭宋朝的打算。"

文天祥心想：目前？恐怕我们只要答应投降，就被你们吃定了吧。况且这元军自襄樊起兵以后，凡是抵抗的人，一律格杀勿论，这还不足以说明元廷的言而无信吗？

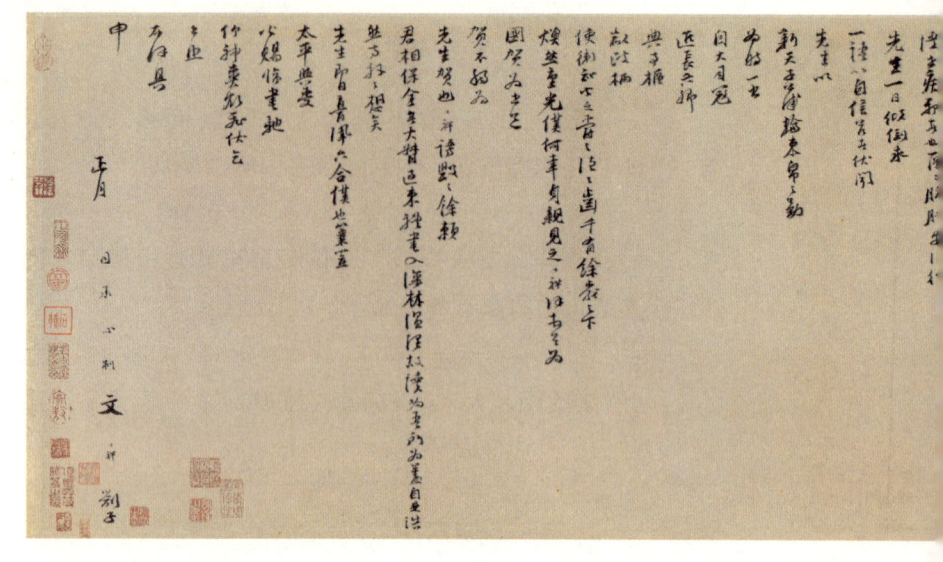

〔宋〕文天祥《上宏斋帖卷》

于是，他说："按你这么说，就请你们立刻把军队撤回吧！这些蒙古大汉驻守在临安城外，搅得我们的百姓人心惶惶。假如你们是抱着消灭我们的想法而来，我们也不会客气！南方军民绝不会放弃抵抗的。我们一定会与你们打到底。这样一来，你们也得不到什么好处！"言外之意就是：我人来了，但是绝不会投降的！你自己看着办吧！

伯颜的脸马上就沉了下来，这文天祥竟敢出言不逊，于是他带有一丝威胁地说："你们要是不老实投降，再给我扯东扯西的，当心我饶不了你们！"此刻他的狐狸尾巴终于露出来了。

文天祥听后非常气愤，慷慨陈词："我为官数十载，不曾想过要当多么大的官，从国家从百姓身上捞多少好处，只是一心想要国泰民安。现如今正是国家危急存亡的时候，我早就做好了流血牺牲的准备！就算是刀山火海，又有何惧！此刻就是我拼死报答国家的时候，你要是够胆就放马过来吧！"他一腔正气，视死如归。

伯颜被文天祥甘为国家献身的气势震慑了，一时哑口无言，还有些敬佩他。周围的元将见到这宋人如此模样，都惊呆了，还默默敬他是个忠君爱国的英雄！但是伯颜作为元统帅，还是明白自己的立场的，随后说道："既然如此，那我便叫其他人回去问问你们的太皇太后，到底投不投降，你就在这里陪我几天吧！"

文天祥听后，恶狠狠地看着伯颜："我到这里来，原本是为了两国谈判，一番好意。结果你却扣留我，到底是什么意思？"

"你先不要生气，我这不是想与你再细谈这投降之事。"伯颜眼露狡黠。

果然，文天祥被扣留在元营，同行的人被派回去向谢太皇太后禀报。

回到临安，吴坚和贾余庆把文天祥在皋亭与伯颜对峙，拒绝投降的事情告诉了谢太皇太后。谢太皇太后从一开始就只想投降，没想到被委以重任的文天祥居然和自己唱反调！一气之下，她又让贾余庆担任右丞相，去完成向元军求降的任务。

伯颜接受南宋归降后，他和贾余庆两人都为完成了各自的任务而感到高兴。紧接着，伯颜又把文天祥请进营帐，告诉他："你不投降又如何？宋廷已经另外派人来投降了。"

文天祥当即气得不行，只是投降已是既定事实，无法挽回，只能痛骂贾余庆这个没有骨气的家伙。

南宋递交投降书后，伯颜立刻带兵进入临安城。赵㬎和谢太皇太后则率领臣子来到武林门，向元军称臣。至此，宋朝走到了它生命的尽头，这一口气，最终还是溜走了。

而杭州的皋亭作为文天祥与伯颜激辩的地方，现在已经成为爱国主义教育的场所，文天祥的爱国事迹也在这里广为流传。

奋起反抗，被捕后宁死不降，壮哉成仁

宋廷投降后，文天祥仍不甘心，他不信宋朝就这么完了。于是，他带着他的侍客杜浒等十二人，连夜跑到真州去了，希望能够在真州重整旗鼓，对抗元军。

真州官吏苗再成听说文天祥来了，知道他定是来集合兵力的，心中也燃起复兴南宋的火焰。他立即去迎接文天祥，见到本人后更是喜极而泣。

他擦了擦眼泪，说道："如今剩下的两淮士兵其实可以承担复兴大业，只是两淮的两位制置史互有矛盾，所以无法同心协力。假使我们想要大宋复兴，当务之急就是要解决两淮那两个制置使之间的矛盾。"

文天祥听后说："那么倘若他们的矛盾解决了，你接下来又有什么计划呢？"

苗再成答："正好这些天我都在思考这个问题，并且现在已经有一计了。"

"那快说来听听。"文天祥顿时兴奋起来了。

苗再成说："我们可以先率领淮西士兵到建康，元军肯定会全力来阻。这样一来，元军兵力就可大大减弱。接着东面各将帅便率领通州、泰州等地士兵攻打湾头；率领高邮、宝应、淮安等地士兵攻打杨子桥；率领扬州士兵攻打瓜步。元军留在湾头和杨子桥的兵都较弱，攻打他们会更容易，肯定很快就能拿下。拿下他们以后，各部队一齐向瓜步进攻。除此之外，我还会率领一支军队从水面袭击。只要我们将元军在浙江的退路阻断，必能生擒元军大帅。"

文天祥听后赞不绝口："妙计！妙计！那我立马写信给两淮制置使，希望他们冰释前嫌，合力对抗元兵。再派几个使者去聚合周围的兵力。"

就这样，文天祥开启了南宋投降后的抗元副本。其间，

人间始觉重西湖

HANG ZHOU

文天祥宁死不降

他一直奔走于江淮各地组织抗元。

在这几乎已经遍布元军的天下，文天祥的抗元活动，简直就是以卵击石。而且文天祥本人原来就是只懂"之乎者也"的一介读书人，平时也就是在书里看看兵法。但现在不是纸上谈兵的时候，那可是真枪实战，随时随地都可能小命不保，他又手无缚鸡之力，所以好几次都险些被捕。

直到宋景炎三年（1278）年底，文天祥在五岭坡遭元兵突袭，兵败被俘，自此开始了他的囚犯生活。那句"人生自古谁无死，留取丹心照汗青"的千古绝唱，就是他在被押送途中作的。

成为阶下囚的文天祥依旧骨气不减。他被押送到潮阳时，所有人都对元将张弘范行大礼，唯独他一动不动。

一个小喽啰见文天祥如此，颐指气使地说："大胆狂徒，你见了我们将军，居然不跪拜！"

"我文天祥只拜大宋皇帝！绝不会拜你们这些侵略者！"文天祥颇有傲骨地说。

"行了，别难为这位爱国人士了。"张弘范一直都很佩服文天祥的气节。但话锋一转，他又说："但是如今大宋已经亡了，木已成舟，即使你再硬磕，结局也是无法改变的。如果你识时务，愿意改弦易辙，为我朝办事的话，那么我朝丞相的位置非你莫属。"

文天祥听后，说道："照你这么说，我大宋已经亡了，那么我作为臣子必定是难辞其咎的，又怎么可能怀有二心，用叛国来达到苟且偷生的目的？再说了，要是我真有这样的二心，我今天还会在这里吗？要杀要剐悉听尊便，何必多言。"

张弘范听后，不由得被他的忠心所折服，不但没有处置他，反而以礼相待，对他非常关照。

漫长的囚禁生活没有让文天祥丢掉性命，但张弘范却因病亡故。病中他都不忘向忽必烈上奏，说文天祥是个忠君不二的人，千万不能杀了，这样也可收买宋朝人心，以此稳固天下。

想不到文天祥与张弘范只是拥有短短的交集，却已经让这个敌军的将领深深折服，为他说话，足可见文天祥的爱国主义情怀之深。

元至元十八年（1281）八月，忽必烈在朝上问："南北宰相，谁可以称得上是贤臣？"

底下异口同声："要说北人非耶律楚材，而南人就要数文天祥了！"

忽必烈听后，对文天祥很中意，他在心中想：要是可以，这个文天祥来我朝做宰相也不错。下面的臣子察言观色，自然懂忽必烈的意思。于是有人来劝说文天祥，希望他能够投降元朝。

文天祥听后丝毫不为所动，只是说："你们诸位就像鲍叔牙，但我文天祥却不是管仲。管仲不死可以名垂青史，可我文天祥不死，将是遗臭万年！你们不必再劝，我是不会投降的！"

元至元十八年（1281）十二月初八，忽必烈召见文天祥。殿前，对着忽必烈，文天祥只是作了个揖，并没有行跪拜大礼。

忽必烈还没开口，文天祥早就猜到他要说什么了，于是率先开口："我大宋没有昏君，士兵也不是孬种，可叹奸臣误国，错失机会。你们将我国叛徒收入囊中，以此对付我们，多少有些不道义。现如今，宋朝廷已经投降，我也被你们俘虏，实在没有活下去的理由。"

忽必烈听后，说："只要你能像忠于宋朝廷一样为我做事，那么中书丞相的位置就是你的了。"

文天祥说："我生为宋人，死为宋鬼，现在只求一死！"

忽必烈以为他是对官职不满，又说："既然你不想当丞相，那么枢密使怎么样？"

文天祥答："除了死，我别无所求，也不会接受任何官职。"

忽必烈听后，只得又将文天祥押回牢房。

劝降的人来了一茬又一茬，最后登场的竟然是十岁的大宋末代皇帝！文天祥在狱中见到皇帝，也不忘君臣礼仪，当即跪下行礼。只是他没想到圣主也是来劝他归降于元的，文天祥当然无法对其发火，他又跪下哭着说："圣驾请回！"

文天祥一心求死，小皇帝走后，他便扯下一块布将遗书写在上面："我作为大宋的丞相，却无法救民于水火，复兴大宋，现在还成为阶下囚，死不足惜。孔子教导我们要仁，孟子说为人要义，我只求尽义，以死谢罪。

从今往后，问心无愧！"文末还写下五个大字："文天祥绝笔。"

元至元十九年十二月初九（1283年1月9日），忽必烈成全了他："既然文天祥不愿意归降，那就了却他的心愿，赐死吧！"

被押赴刑场时，文天祥没有一丝恐惧，他神色自若地走向刑场。前来送行的人把路都堵死了，无能为力的百姓们见此场景只能大哭，有的人还向文天祥敬酒。

朝着南方跪拜后，文天祥便坦然赴死。

文天祥因为在临安做出的贡献而受到杭州人的尊崇，他的英雄事迹被我们深深记在了心底。他的顽强不屈、他的忠心为国、他的以身报国，都成为了我们今日学习的好品质，他为杭州爱国主义教育事业贡献了一份力量。

也正是因为有文天祥这样百折不挠的民族英雄，才铸就了我们中华民族的脊梁，他们在今日成了我们的民族信仰、民族内涵，给予了我们前行的动力。

参考文献

〔元〕刘敏中：《平宋录》，中华书局，1985年。

〔元〕脱脱等：《宋史·文天祥传》，中华书局，1985年。

胡志亮：《文天祥传》，百花洲文艺出版社，1997年。

〔宋〕文天祥撰，刘文源校笺：《文天祥诗集校笺》，中华书局，2018年。

第八章

于谦：身不在杭心在杭

刺史一呵横出世，从此清明在人间

话说此时的江西，巡抚于谦正忙着下访监牢。

这一访问可了不得，狱中许多犯人纷纷诉苦申冤，说自己压根没犯事，就被不明不白地关押在这里。于谦遍访查证，发现他们所言句句属实。

这种事，于谦可忍不了。

他一直把清白看得很重，所以一心帮他们申冤，于是天天忙着审案。一传十，十传百，江西境内都知道有个叫于谦的好官正在翻查冤案。于谦这人不好面子，也不好排场，单枪匹马就来到了江西，自然现在查案也是身体力行。

清晨，他就素衣布裤，一笔一墨，一纸一砚，开始工作，直到深夜。

明宣德初，大家都知道江西有个叫于谦的青天大老爷。

第八章 于谦：身不在杭心在杭

于谦像

　　此时的于谦还是个刚刚入仕的年轻人，他的成名之路还得从明成祖朱棣的二儿子，汉王朱高煦说起。

　　这时，朱高煦一心想当皇帝，不过这怪不得别人，都是朱棣自己惯出来的。

　　靖难之役时，朱高煦常伴燕王朱棣左右，屡建奇功。这种好事能轮到他的重要原因，一是他哥哥燕王世子朱高炽体弱，二是朱高煦本人长得像朱棣，深得他父亲的喜爱。

　　在朱棣睁一只眼闭一只眼的纵容下，朱高煦事事都要压过世子朱高炽一头。时间一长，他就不再满足于高阳郡王的身份，天天盼着坐上世子的位子。

　　明永乐二年（1404），朱棣出人意料地立了朱高炽为皇太子。朱高煦开始不满，不光是对他大哥不满意，对朱棣也有意见。他心中不平，想着如果他早点成为世子，哪里有朱高炽的事儿。

明永乐二十二年（1424），明成祖朱棣驾崩。朱高煦还没开始有所动作，他哥朱高炽就名正言顺登基了。

朱高煦一时没反应过来，但他没有就此放弃，而是换了新的奋斗目标——夺取皇位。

他倒是计划得"周全"，不明着取他大哥性命，而是仗着封地乐安州离京城近，准备瞅准机会对他侄儿——太子朱瞻基下手。只要朱瞻基一死，劲敌一除，加上朱高炽体弱多病，命不久矣，他就可以较为轻松地登上皇位。

没承想，一向体弱的朱高炽连皇位都没坐热乎就匆忙驾崩，朱高煦还没来得及对朱瞻基下手，他的好侄儿就成了新的皇帝。

帝位轮班两次，年号都从永乐换成了宣德，却始终没自己的事，朱高煦终于忍不住了。

他决定主动出击。

朱高煦与其麾下谋臣商议后，决定低调行事，最好能出其不意地获得胜利。

毕竟是掉脑袋的大事，为避耳目，他们决定在深夜行事。

在明洪熙元年（1425）的一个夜晚，窗外风声如雷，更鼓已经敲过了三次。属下们按照约定来到汉王府内一间偏僻的小书房中，房中的汉王朱高煦一声不吭地坐在微弱的烛光中。

他抬起头，视线掠过一双双溢出光芒的眼睛。

"世人皆知我想造反，故此次我会上一道奏折，叫我那侄儿放松警惕。届时与太师张辅来个里应外合，再用高官厚禄诱惑群臣，便可一举拿下京城。到时，帝位唾手可得，你们的好日子也就来了。"

底下众人，无不点头赞同。

七月，朱高煦上了一道奏折给明宣宗朱瞻基，上表了一些帮助皇帝治国安邦的策略。

朱瞻基半信半疑，明面上封赏了，暗地里却留了个心眼。

果不其然，明宣德元年（1426）八月，朱高煦有所动作了。

他派了一个人去联系太师张辅，说明举事计划。张辅听完满口答应："好好好！绝对配合，你先在这等等。"转身就将那人逮捕，上交给了朱瞻基。

这个变故朱高煦还不知，他仍然觉得自己的计谋天衣无缝，还在封地准备策反将来"平叛"的将领，和他一起打天下呢。

没多久，新皇居然亲自前来，带兵将乐安围得水泄不通。摆了很大阵仗不说，还策反了朱高煦身边不少人！身边的侍卫看他的眼神都有点不对劲，大有想把他抓出去投诚之意。

朱高煦终于慌了，他想：横竖打不过，不如主动投降，求个宽大处理。他请人带一封密信给朱瞻基，大致意思就是说我明天一早来投降。

第二天一大早，不顾属下劝阻，朱高煦毫不犹豫地出城投降了。

针对朱高煦这种宗亲谋反的情况，皇帝要叫一个人出来"数其罪"，就是一一列举此人的种种罪责。

这项工作，满朝文武有谁能比得过御史？

朱瞻基年纪虽轻，谋略却不小，亲征时就将一名舌灿莲花的御史带在身旁，只等朱高煦一投降，就替他上阵细数罪责。

这个御史横眉冷目，一声大喝后就开始责斥朱高煦。

他声音洪亮，吐字清晰，逻辑严谨。朱高煦人生中那些"熠熠生辉"的"耀眼"举动从他口中一一吐出来，连朱高煦本人都觉得自己罪该万死。

朱高煦本已跪在地上认罪，这下更是吓得瑟瑟发抖，直接趴在地上连呼："罪该万死！罪该万死！"

朱瞻基感觉神清气爽，更是对这个御史高看一眼。

这个出来骂汉王的御史正是于谦。

于谦，字廷益，杭州府钱塘县人，明永乐十九年（1421）考中进士。如今凭着这一顿引人注目的操作，他终于得到了皇帝的青睐。

朱瞻基很快给于谦安排了一份新工作——巡按江西。

于谦在江西将政务处理得井井有条，还替蒙受不白之冤的百姓翻了案，要回了清白，他在当地百姓心中就是青天大老爷，为人办事的父母官啊！

朱瞻基听说后，感到很满意，自己的眼光果然不错！他想，接下来是不是该给于谦升个官了？

任两地省长，担两袖清风体验监狱生活

于谦在江西任职期间，确实取得了不小的功绩，他的美名早已被朱瞻基知晓，朱瞻基为自己的朝堂上又多了一位良臣感到很欣慰。

可于谦目前做的这些事都只是御史的本职工作而已，朱瞻基想：也许自己应当给于谦提供一个机会，没准他还有别的才能！

明宣德五年（1430），朝廷又增设了一些官职。朱瞻基亲自把于谦的名字写上名单，交给了吏部的官员，说："这个于谦，就提为兵部右侍郎，让他去巡抚河南、山西两地。"

这次，于谦选择骑着马上任。

他这巡抚的工作起初就是个走访调查的差事，例如他到了一个地方，就随机选择一位老爷爷或老婆婆，问："老人家，你们这最近有没有什么新鲜事？官家的土地免费分给你们后播种了吗？听说来了一个新的官，脾气很不好？"

别人一开始回答，他就拿出一个小册子，在随身携带的砚盘中沾点墨，忙不迭地开始记录。听到不好的革新措施，于谦便面目严肃；听到好的效果，于谦便频频

点头微笑。

他把老百姓说的这些都谨记在册,天黑后才回到住处,饭都来不及吃,就立马开始写奏折。写好了就送到最近的驿站,吩咐人立即送到京城。旁人劝说明日一早再送也行,但对于谦来说,这劝说都是徒劳。

于谦不光关心各项措施在地方的落实情况,还特别注重自然灾害对民众生活的影响。

他在闲暇时候研读了不少水利专著,时时刻刻都在关注着黄河各方面的改变,比住在黄河边上的人还了解得清楚。自打他掌握了黄河的水情变化,总能提前将黄河水患的信息告知百姓。

但河南、山西那么大,于谦一个人着实无法兼顾。他便贴出招生告示,收下一些寒门子弟,让他们专门学习水利知识,又常以黄河为例。

这些人学成后,就全都留守在黄河两岸。于谦命他们时刻留意黄河方方面面的情况,一旦有变,就立刻通报。

若有人报:"今日某段我真的解决不了。"于谦必亲自前往查看个明白,再视情况展开行动,看是直接解决,还是上报朝廷。

完事后,又把这事当成个案记录下来,又将经验传授给他黄河两岸的弟子们。

于谦在水患一事上尽心尽力,日复一日,年复一年。

于谦在河南、山西当巡抚的日子就这么过来了。无论是哪个县丞贪污，还是某个地方要建设城池等大小事情，于谦操心过问，永远都在为民办事！

曾有小侍不解他为何尽力到这种地步，于谦却笑而不语。

明正统十一年（1446），重用于谦的内阁大臣杨士奇、杨荣、杨溥和张太皇太后皆已去世，太监王振把持朝政。

王振立下规矩：凡地方官员上京述职，必备薄礼。

那些进京述职的官员或出于讨好，或被逼无奈，都给王振准备了厚礼。

然而，王振却并不满足，他一心想要收到于谦的厚礼。他认为于谦名气大，名声好，自己收了他的礼就代表自己的声望比他还高！

要于谦给他送礼，简直是痴人说梦。于谦一年四季除上朝办公时有四五套衣服用来轮换，在家的便服更是妻子缝缝补补多次的。家中一个仆人也没有，做饭洗衣都是他夫妇二人亲力亲为。

有不了解他的人劝他："你不送钱财，又不送珠宝，那你送点地方特产上去意思意思也好！"于谦潇洒地笑笑，甩甩两只宽大的袖子，答道："只有清风。"

为了这个事，于谦写了首诗，题目非常直接，就叫《入京》。

手帕蘑菇及线香，本资民用反为殃。
清风两袖朝天去，免得闾阎话短长。

说明白点就是：

手帕、蘑菇和线香这些东西，是百姓日常生活要用的，但因为贪官污吏的强行搜刮，成了送礼的东西，最后反而是百姓遭殃。去朝见天子，我只带着两袖清风，省得坑害老百姓了。

因朝堂上的这种情况，于谦既无力改变又无法接受，于是，在下次入京的时候，于谦就举荐参政王来、孙原贞二人，自己就暂且不入京了。

于谦太过特立独行，王振不开心了。

"你于谦竟然公开跟我叫板，有叫你后悔的那一天！"

但王振又不好亲自出面，一是因为好面子，不能叫外人晓得是因为于谦不给他送礼，他无计可施只能报复人家，二是他没有直接插手于谦事务的能力。王振横竖都想不到该怎么办。

他还没想好怎么完美地报复于谦，一个人就主动找上门来，谄媚道："王公公，我知道你有烦忧，愿意为你排忧解难。莫担心，我什么都不图！"这个人是通政使李锡。

李锡平时没别的爱好，就喜欢趋炎附势，谁要是有权有势了，他就跑到那人跟前说："我啥也不图，可以帮你这样，还可以帮你那样。"

王振就和李锡商量："我们先告诉陛下，于谦嫌弃自己的工作，因为俸禄太低；接下来再暗示，于谦竟然不经过陛下你的允许，自己就不进京述职了，可真是胆

第八章 于谦：身不在杭心在杭

杭州风华 HANG ZHOU

于谦祠石坊

大包天。"

两人一拍即合，觉得自己的主意真是天衣无缝。

很快，坐在家中的于谦就收到了批评诏书，罪名有二：一是不满长期工作，迟迟没能升官加爵；二是擅自推荐别人来代替自己的职位。

于谦背着没来由的罪名，可真是无奈。他自然明白是谁在背后捣的鬼，自己的两项罪名根本不成立。可既然当初自己就没想着要"孝敬"那红人王振，今日又哪里需要辩解求饶呢？

他十分镇定，直到被关入大牢，也一句话都没有说。

王振此时不知道，于谦被判处死刑的消息传开后，群情激愤。朝廷好不容易出了这么个真正对民好的官，朝廷竟然还想要他性命。

百姓们找了几个书生，联名上书要求立刻释放于谦。

王振也没料到事情会闹到这一步，他的原意是惩治于谦对他的大不敬，哪知道会因为处置于谦而引起民愤。为了不引起更大的冲突，他赶紧把于谦释放了。

王公公不光丢了面子，钱也没捞着。

于谦智勇双全，誓死保卫京城

明正统十三年（1448），于谦被召回京担任兵部左侍郎。

明正统十四年（1449）秋，因对明王朝开出的朝贡条件不满，瓦剌首领也先率兵大举进犯明朝边境。瓦剌曾经就是打家劫舍的强盗，短暂地"改过自新"后，又再次干起自己的老本行。

没有成功报复于谦的王振，依旧活跃在明英宗朱祁镇的朝堂上。不过，这回王振坑到他的主子朱祁镇了。他甚至将朱祁镇直接踢到坑底，后者花费了许多年才勉强爬出来。

面对也先凶猛的攻势，王振竭力"鼓励"朱祁镇带兵亲征。

王振自小就陪伴朱祁镇，最是知晓朱祁镇的心病。他对朱祁镇说："我的好陛下，你想想你的父皇宣宗陛下。他老人家初登帝位，就带兵亲征，一举拿下叛贼汉王。你这么年轻，何不放手一试，必有宣宗陛下风采！"

王振一番话，恰恰说到了朱祁镇心坎上。他年幼时就常听旁人称赞自己的父皇是真龙天子，初登大宝就敢于御驾亲征，建立一番丰功伟绩。朱祁镇也十分渴望能像父皇一样名垂青史。

奈何朱祁镇年少即位，当时朝政大事多由内阁"三杨"和张太皇太后操持，朱祁镇无半点实权可言。

如今，"三杨"与张太皇太后皆已去世，正是朱祁镇向天下人证明自己的时候：我朱祁镇不需要他人扶持，也能坐稳皇帝这个位置！还能和我父皇一样流芳百世！

朱祁镇虽然贵为天子，但终究还是平常人。他犯了大多数人都会犯的错误——过于高估自己，盲目自信。

明英宗坐像

在王振的怂恿下，朱祁镇不顾于谦和兵部尚书邝埜等人的极力劝谏，率领二十万大军，外加一个王振，浩浩荡荡地朝边境进发。朱祁镇站在城墙上，极目望向瓦剌部方向，在心中暗许宏愿："此战我必定要让天下人重新认识我！"

可事态的发展完全超出了朱祁镇的想象，现实给了他狠狠的一巴掌。

明正统十四年（1449）八月十六日，明军主力在土木堡遭遇惨败，二十万大军近乎全军覆没，朱祁镇也被也先俘获。事情传到京城，皇宫内外一片人心惶惶。

事情发展到今天这个地步，几乎所有人都毫无主张。城里城外的人大都惶惶不可终日，有些人家甚至开始打包行李准备南逃了。

近日在朝堂上，关于南迁一事也在争论不休。

支持南迁的大臣以侍讲徐珵（后改名徐有贞）为代表。徐珵说："我夜观天象，星象有大变，是昭示我们应当迁都。"

反对一派人数很多，于谦是主要代表。他面目严肃，不假辞色道："提议南迁的人都该被砍下脑袋。京城是天子的根基，一旦妄动，则大势已去。难道都忘记宋朝南迁的旧事了吗？"反对派中的主要官员吏部尚书王直和内阁学士陈循等人都表示非常赞同。

最重要的是，他们得到了郕王朱祁钰（朱祁镇同父异母弟）和皇太后的支持。坚守京城的决议取得压倒性的胜利！

防守京城的决策就此定下。决策是下了，但具体要做些什么事，大家都很茫然。但所有人都在同一件事上达成共识，这个共识即是把迷惑皇帝亲征，后又在前线胡乱指挥，致使土木堡兵败的罪魁祸首解决掉。

主犯王振既已经死在土木堡，那就将他遗留在朝堂上的势力全部处理掉吧。

郕王不愿当庭解决这件事，可朝臣早已怒不可遏，一时半刻都等不得了。

户科给事中王竑一马当先，随手抽出朝堂侍卫的佩剑，带头击中锦衣卫都指挥使马顺。其他大臣见状也站不住了，纷纷出手，马顺当即毙命。

一时间血溅朝堂，场面太过血腥，一些大臣和朱祁钰都不忍直视，朱祁钰甚至想当庭离开。于谦站到朱祁钰身前，扶着他的手臂说："马顺等人万死难辞其咎，现在死在朝堂上也没什么好说的。你不必感到有压力。"

接下来的一切就顺理成章了。国不可一日无君，何况现在明英宗还在也先手上。

明正统十四年（1449）九月，郕王朱祁钰即位为景帝，尊朱祁镇为太上皇。在这个危急关头，于谦上任兵部尚书。

九月的一天，朱祁钰突然传召于谦前去商量对付瓦剌的大计。当晚他们有过一番深刻的对话，于谦甚至泣涕满面。

那晚，于谦情绪十分激动。他跪在地上哭着说："敌人十分猖狂，绝不可听之任之。臣有四个请求：第一，请立刻重组京军，即刻抽调其余地方的备操军、备倭军、运粮官入京，并同时派遣御史到河南、山西等地征兵；第二，请工部立刻准备武器，同时派人去南京取库存兵器，并收集被遗弃于土木堡的装备；第三，请必须竭尽全力保证粮食运输，绝不留一粒米给敌人；第四，请由我来负责军队上的事。如果没有成效就治我的罪！"

朱祁钰十分感动，于尚书真是忠心耿耿，为大明鞠躬尽瘁，死而后已！

古语有云："知己知彼，百战不殆。"于谦此前就一直重视边防。他将明朝周边的几个邻居分别偏爱以何种方式进攻，又热衷往哪个方向窜逃等军事习惯，都研究得一清二楚。

在土木堡兵败后，于谦更是严谨而有针对性地对瓦剌和明军的作战形势展开一番深入研究。

于谦特意以京城为防守基地，因地制宜制订了一个作战计划。守卫京城的每个环节都是为明朝军队量身打造的，需要打击的目标对象即为瓦剌军队。

谈话结束的第二天，保卫京城的准备工作就有条不紊地展开了。

首先，坚守京城，绝不南迁，以城为守。这点已经做到了。

其次，对内稳定人心，铲除王振余党，扶持新帝登基，粉碎也先的阴谋；对外调遣一切兵力，保证粮运的持续性。后者是现在亟待解决的。

这般安排下去后，上至皇亲国戚，下至平民百姓，都坚定了守卫京城的决心。

明正统十四年（1449）的十月，瓦剌的铁骑声势浩大地踏在中原大地上。瓦剌军挟持被俘的明英宗朱祁镇一路马不停蹄地向居庸关进攻，妄图从京城正面吸引明军，一直打到北京城郊。

面对如此强敌，于谦与大将石亨持相反意见。石亨认为应当向瓦剌示弱，而于谦则主张背城决战。最终于谦以二十二万大军在京城九门之外列阵，并用重兵埋伏在德胜门，从而形成一个以城池为营地，以攻代守，分别调动援兵，内外夹击敌人的作战计划。

战争实况证明于谦的部署行之有效。

于谦先是安排一小队士兵夜袭瓦剌军营,斩杀数百瓦剌军,明军士气大振。

于谦又以少量骑兵佯装战败引诱敌人,也先果然中计。然后,明军配合神机营火器齐发,在城下大败瓦剌军,斩杀万余人。也先的弟弟孛罗与平章卯那孩因为被炮弹打中而身亡。

瓦剌军屡战屡败,屡败屡战,明军一直胜而不骄。

之后,不仅是负责各门的官兵在战斗,附近民众也投入战斗中,打乱了瓦剌军的运输粮道,给予瓦剌军重大打击。

攻城,瓦剌死攻不下;和谈,于谦根本不给瓦剌机会。

瓦剌军的士气彻底低落下来,再无一战之力。

瓦剌挟持明英宗向紫荆关方向撤退,于谦急忙遣军乘胜追击。而后,于谦率军在固安、霸州等地方击溃瓦剌军万余人,擒获大将阿归等人,夺回万余头被掠走的牛羊等家畜。

最后,明军将瓦剌军全部逼出塞外。

过河就拆桥,别于崇文门,葬于三台山

明景泰元年(1450)三月,也先突然派重兵围攻万全。打退也先部队后,于谦向朱祁钰请令:"务必要设重兵镇守居庸关。有敌来袭时,出关抗敌;敌寇退却时,便回京城驻守。"朱祁钰允许了。

后来北边来了三个人，想明朝派遣使者与他们和谈。部分官员颇有些动摇，唯独于谦依然坚定：不能和谈。

于谦斩钉截铁地说："我们绝不能依靠和谈。一则，之前派遣指挥季铎和岳谦前去讲和时，也先没有和谈的诚意，反而继续侵我边境。后来通政王复、少卿赵荣前去和谈，也先连上皇的面都没有让他们见到。显然，和谈是不可靠的。二则，也先欲壑难填，万一在和谈时，他要我们满足他们无穷无尽的要求，答应与否对我们都有百害而无一利。况且我们本就与也先有不共戴天之仇，就更不该讲和。"

此后，也先不断派使者前来，提出送上皇归国。

八月，也先释放上皇英宗回国，恢复与明朝的臣属关系。众人都认为这是于谦的功劳，而于谦并不以此居功，他自认只是做了一个明朝臣子该做的事。

朱祁钰自监国以来就与于谦朝夕相对，十分了解并相信于谦，凡是于谦奏请的事情他基本都同意了。

朱祁钰常常在官职调派候补空缺时，询问于谦："于爱卿，某某，可当得重用？"

于谦向来实事求是，从来不会避讳任何与他有过嫌隙的人。朱祁钰所问之人合适便是合适，不合适就是不合适。只看那人在任上，究竟有无作为，不管他是不是与自己结过仇。因此，那些不作为的官员都非常憎恶于谦，没有比于谦受朱祁钰重用的官员往往也十分嫉妒他。

先前因于谦始终不赞成议和，导致上皇英宗归国时间不断延迟。后来，上皇英宗终于归国，对于谦大有不满。

于谦性格很刚烈，这些无谓的嫉恨或当权者的不满，他都不在乎，也不屑于为自己辩白。

明景泰八年（1457）时，朱祁钰病重。石亨和曹吉祥、徐有贞乘机助上皇恢复帝位。通知所有朝臣后，他们立即撺掇朱祁镇下旨将于谦和大学士王文逮捕入狱。石亨等人诬陷于谦在外面造谣，散播不轨言论；又编造了于谦伙同代宗身边的太监王诚、舒良、张永等人策划让襄王之子登临帝位一事。石亨等人一口咬定这两个罪名，唆使科道官上奏。他们坐实于谦谋反这个罪名，将于谦判处了死刑。

石亨当初触犯军法，是于谦向朱祁钰求情，才会有今日的权势在手。没想到石亨竟如此忘恩负义，反而要陷害于谦至死。

王文着实受不了这种莫须有的罪名，急着为于谦争辩，而于谦笑着对王文说："这不过是石亨他们的意思，分辩又有什么用呢？"

朱祁镇对于处置于谦还有着犹豫，但架不住徐有贞的唆使："不杀于谦，复辟就师出无名了。"朱祁镇就很快拿定了主意。

于谦迎来了他人生的结局——押往崇文门前，斩立决。随后，于谦推举的各文武大臣皆牵涉其中。

如此结局当真是滑天下之大稽，谁不知道于谦最是厌恶谋逆造反之人！当初在宣德朝，于谦凭着那顿对汉王朱高煦的痛骂，得到宣宗皇帝的青眼相待，如今却定以谋逆的罪名！

第八章 于谦：身不在杭心在杭

于谦墓道

　　于谦自幼崇拜文天祥，有着同样的一腔报国热血，他的人生也正如他自己的诗句一般：

　　千锤万凿出深山，烈火焚烧若等闲。
　　粉骨碎身全不怕，要留清白在人间。

　　于谦年少时在杭州，面朝文天祥画像，昼夜苦读诗书，立志考取功名。一朝谋得前程后，满腔热血尽洒明朝疆土。最终拼得粉身碎骨的结局，却被险恶小人迂回报复，为清白殉道。

　　明成化元年（1465），明宪宗朱见深继位后，于谦才得以沉冤昭雪。当时，朱见深发布诰书称赞于谦："当国家之多难，保社稷以无虞，惟公道之独持，为权奸所并嫉。在先帝已知其枉，而朕心实怜其忠。"

明弘治二年（1489），明孝宗朱祐樘又追赠于谦为特进光禄大夫、柱国、太傅。

于谦就葬在杭州西湖南面的三台山麓，与葬在西湖北山栖霞岭麓的岳飞遥遥相对，有如双璧辉映，形成西湖南北两处胜景。清代诗人袁枚有诗曰："赖有岳于双少保，人间始觉重西湖。"

于谦生长于杭城的明丽山水与书香之气中，却在少时就立下了拯救苍生的大志。他以文人之躯挽救王朝危机，以铮铮铁骨傲然面对死亡。杭城不吝哺育于谦，于谦亦以清正高洁的精神反哺杭城。

参考文献

〔清〕张廷玉等：《明史·于谦传》，中华书局，1974年。
〔清〕陈鹤：《明纪》，国学整理社、世界书局，1935年。
〔清〕袁枚：《谒岳王墓》，《小仓山房诗集》，台北广文书局，1971年。
〔清〕纪昀等：《四库全书·于肃愍公集》，商务印书馆，2017年。
章明斐：《于谦北京保卫战及其历史意义》，《北京联合大学学报》2002年第2期。

第九章

张煌言：与清斗争的二十年

王朝盛世终成旧梦

张煌言，字玄著，号苍水，浙江鄞县（今宁波市鄞州区）人，是明朝遗臣。在明皇室走向穷途末路之时，张煌言暗许誓言——反清复明，一誓便是一生。

明正统十四年（1449），土木堡兵败，明军主力全军覆没，明英宗朱祁镇也在土木堡被也先所俘。土木堡之变成为明王朝漫长统治时光中，由盛转衰的转折点。

此后即位的诸位皇帝，偶也有能选贤举能、礼贤下士的，但那只如同节日庆典中燃放的烟花一样短暂。

到嘉靖帝统治中后期，明世宗朱厚熜极力追求长生之术，宠信方术道士，日日沉迷于修仙炼丹，无法自拔。

明嘉靖十五年（1536），朱厚熜更是将他宠信的道人邵元节封为礼部尚书，成日里围着这些道士打转，其余朝政大事一概熟视无睹。

此后的皇位继承者们多是不思进取、贪图享乐的，摆出一副今朝有酒今朝醉的架势，谁也奈何不得。

此时，朝野上下，那是内忧未尽，外患不断。

在明王朝领土边境，各个邻居皆是虎视眈眈。东北有日趋强大的女真，正不断革新军事制度，以图早日入关；东南一带又有倭寇不断侵犯其水域，烧杀抢掠无恶不作。中原大地上，生命力异常强悍的农民起义军如野草一般——"春风吹又生"。

曾经强盛的明王朝已经日薄西山。这片疆域的主人和那些被精挑细选出来的臣子们却没有做出任何改变，反而对各地的异样视而不见，沉迷在一片国泰民安的假象中。

帝位的接力棒终于传到了明思宗朱由检的手上，他万万没想到，这接力棒竟如此烫手！

明天启七年（1627）八月，明熹宗驾崩。由于他没有子嗣，所以命他的弟弟朱由检继承皇位，年号为崇祯。

当时朱由检年仅十七岁，仓促间即位，准备并不充分。

朱由检明白，命运给予明皇室的无数宝贵机会均已错过，但他仍想奋力挣扎一把，走出一条属于他的通天大道，叫这密布的乌云别再笼罩在他的国土上。

他即位后的第一件大事即是铲除魏忠贤阉党集团，给予长期以来气焰嚣张的阉党致命的打击。又重新起用在天启年间（1621—1627）被迫离职的得力官员，让他的朝堂得以拨云见日，一时间颇有些政通人和的意思。

第二件大事是任命袁崇焕为兵部尚书，御赐他尚方宝剑，嘱托他收复被后金占领的辽地。旨在通过此战，给予边境众多耀武扬威的邻居重重打击，以振君威。

天不遂人愿，命运一旦下定决心站在另一方，即使你是身份尊贵的皇帝，也束手无策。

朱由检正是被命运"选中"的人。

从明崇祯元年（1628）开始，全国各地便灾害不断。

这片土地一再被干旱、水患、蝗虫等天灾接连光顾，百姓全年颗粒无收，日常也毫无一点果腹之物，只得刨树吃土。

鼠疫恰又在此刻乘虚而入，顷刻间就蔓延到全国各地，夺走了数以万计的生命。

陕西更是各省中最惨烈的一处。陕地人口纷纷逃离，派去的官员不是半途而返就是不知所终。

故明崇祯二年（1629）五月，朱由检便决定正式议裁北部的驿站，北部的驿站在此时已起不到任何作用。

在银川驿站勤劳工作的李自成被迫失业，他感到很无奈，依靠这份工作养家糊口尚且不够，现在又该如何是好？此时的他大概想不到，将来有一天，让自己丢工作的朱由检竟会被自己逼得自缢而亡。

正逢北方皇太极已建立后金，反复派兵入侵边境；各地农民起义军也是此起彼伏。

被迫失业的驿站保安李自成，现在摇身一变，已经成为农民起义军的最高领袖。他在短时间内就召集大量民众，一路过关斩将，势如破竹，很快就直逼京师。

明崇祯十七年（1644）三月十五日，李自成部队开始包围北京。

明军在与北方后金和众多农民起义军的战斗中一再失利，早已疲惫异常，士气全无，又如何能够与李自成的起义军继续对战呢？

朱由检登上煤山（今北京景山），于十九日破晓之时，在一棵歪脖子树上自缢身亡。

明朝作为一个统一国家的生命彻底结束了，永宣盛世的光景现在只是历史长河里的璀璨一瞬。

朱姓政权确实陨落了，但在朝野内外还藏着不少能人志士，他们没有选择以死殉国，而是潜藏起来晦迹韬光，静待拔剑而起的那天。

熟读文天祥《正气歌》的张煌言正是其中的佼佼者之一。

他自幼以文天祥为偶像，行为举止皆以文天祥为榜样，所以小小年纪就有不小的志向，在日常极爱翻阅兵书！

明崇祯十五年（1642），张煌言考中举人，朝廷"以兵事急"，令考生"兼试射"，而张煌言竟"三发皆中"，在场的考官和他的小伙伴都惊呆了。

李自成的军队攻入京城时，许多大臣惊慌失措，不知是应当逃走还是选择投降。张煌言则坚定地立下光复大明的誓言。

从此便一心筹备复明大业，一誓就是二十年！

以浙江为基，开启复明新事业

南明弘光元年（1645），清军南下讨伐明朝残存势力。

故明刑部员外郎钱肃乐，打算在浙江宁波联合附近各郡县义军起兵抗清，竭诚邀请张煌言同他一起，张煌言果断地答应了。

抗清复明大业就此在浙江打响第一仗！

明鲁王朱以海，这时在绍兴监国，张煌言受封为翰林院修撰。

之后清军大举攻进浙江，彼时钱、张二人的抗清队伍才组建成功，短时间内尚且不具备较大的杀伤力，江南多城都相继沦陷。明宗室乐安郡王、楚亲王、晋平郡王等人在金华殉国。

鲁王监国基地绍兴已被清军占领，需马上找寻一个新的地方暂为安置。

张煌言因以鲁王为抗清复明的旗帜，不得不和鲁王大部队进退一致。所以他立刻回到老家鄞县，跟老父亲、继母、妻子儿女依次诀别后，就即刻追随鲁王一行人去往石浦，不曾顾头相望。

后来，张名振在舟山等待机会，张煌言也来到了此处，两人一直等到局势缓和下来，才回到浙东地区，暗地里组织招募义军，一边不断招纳新人，一边展开新兵训练，时刻为抵抗清兵的突袭做准备。

南明永历元年（1647），清苏松提督吴胜兆，见明宗室鲁王在厦门仍然十分活跃，且各地义军招募训练皆井井有条。他意识到复明大有希望，就想要恢复他在抗清复明集团内的职务。又担心集团内部工作人员，如张名振等人不相信他，决定立刻在苏州干一票来证明自己的决心。动手前他想方设法联系到张名振，希望张名振在必要的时候前去支援他。

发完这封求援信后，吴胜兆就立刻联络好复社名士陈子龙等人，预备在苏州起义。

收到信的张名振并不乐意去。张煌言劝说张名振一定得去，他说："现在这个局势下，有更多人加入我们的事业才好。万一是吴胜兆设下陷阱，我们也是以身殉国，还有什么更坏的结果吗？"

张名振听了这一番话，大呼："言之有理！大丈夫应当置生死于度外！"

于是，张名振任命张煌言为监军，徐孚远为副监军。四月六日一早从岑江出发，未曾料到在崇明岛外遇到大风暴而遭到惨败。

总督浙直水师户部左侍郎沈廷扬、总兵蔡聪等十余人一上岸就被清军俘获，随后被杀害。张煌言与张名振两人也同样被俘。

至此，出师两次皆遭惨败。

"惨败"这个词在张煌言此后的人生中还将出现许多次，每一次，他都未曾想过就此放弃。

张煌言被俘七日后，偶得机会逃脱。经过黄岩时，清军又追上来，并为他专设一个箭阵，张煌言以数骑成功突围。

此次侥幸逃脱后，张煌言更加勤于练习骑射。他在浙东上虞县平冈寨，再次招募集结义军屯田据守，并和大岚山寨的王翊义军联合攻破上虞、新昌和浒山，威震四明山方圆八百里。

当时，此处的诸多山寨常常外出抢劫百姓，唯独张煌言和王翊约束他们的部下，让他们在常规训练外自耕自食，自给自足，因此深得当地民众拥护。

南明永历三年（1649），张名振率领他的部下拥立鲁王到舟山建立皇家临时事务所，方便处理监国事务。

第二年，鲁王又写信让张煌言到舟山，授予他兵部侍郎的职位。南明永历五年（1651），清军兵分三路攻打舟山。张煌言和张名振围着军事地图转了一晚，决定采用经典战术——围魏救赵。两人由鲁王带领，向北而去，其他义军齐心协力攻打吴淞，来分散清军兵力。

谁知清军跟看笑话似的，一点儿都不为所动。张煌言等人眼看着清兵一次又一次增派重兵出击，自己却毫无办法。敌我力量悬殊，舟山终究还是被清军拿下。张煌言在浙江的落脚之处又没了。

俗话说"留得青山在,不怕没柴烧"。只要我张煌言还活着,抗清复明大业就没有停下来的道理。

落脚处没了,就想方设法再找一个。

很快,他想到了同样在沿海的同行——郑成功。郑成功在福建建有著名的抗清根据地。

张煌言和张名振决定带着剩下的一点兵力,一道去金门投靠郑成功。

自抗清以来,张煌言一直拥立鲁王朱以海,而郑成功则更为欣赏唐王朱聿键。

因唐、鲁二王历来不和,此番二张又是战败狼狈而来,所以郑地之人多有诽谤之语。

郑成功初见二张时,对张名振态度不太尊敬。直到张名振脱了衣服,露出背上十分显眼的文身——"赤心报国",郑成功才肃然起敬。

但郑成功对张煌言一直相当敬重,曾经有一次称赞他始终效忠鲁王,与自己坚定看好唐王岂不是有异曲同工之妙!

张煌言和张名振在金门期间,虽常与郑成功一道共商军务大小事情,却始终以独立自主作为人生宗旨。两人竭力保持自己军队的独立性,避免了被郑军一口吞并的危险。

南明永历六年(1652),张煌言又担任监军,随张名振军队经舟山去往崇明,顺便找机会取下金山。第二年,在崇明岛取得大胜！

复明事业终于取得了显著进展。在过去六年里，张煌言吃过无数败绩。这来之不易的胜利果实，让他对抗清复明之路充满了信心。

南明永历八年（1654）正月，张煌言与张名振决定迂回进攻南京。军队从吴淞出发，溯流直上，一路直逼镇江。两人还爬到金山顶上遥祭明孝陵。

此次本来是计划联合西南方面永历帝的南明军队，分两路去夹击清军，攻下南京。但经过了长时间的等待，上游军队却迟迟未到，因目标过大，处于时刻会被清兵发现的境地之中，两人只好悻悻而归，约定另谋他计。

过了两个月，郑成功忽然从福建调兵两万为他们助力。张煌言与张名振得到这有如天外神兵的帮助，对再次入江作战充满了信心。

军队经过瓜洲、仪真，正准备一齐围攻南京时，郑军因为没实现自己的目标——独立打下南京，居然一声招呼也不打，忽然撤出长江回福建了。

张煌言和张名振两人真是目瞪口呆，好生佩服郑成功的"神操作"。

来不及想更多，两人现在兵力薄弱，又无任何援军，为了保存实力，被迫退回台州临门。

南明永历九年（1655），二张为了收复舟山，就配合郑成功的部下甘辉、陈六御等人出战，一路上束手束脚的，一点也不得趣。

这年冬天，张煌言的好战友张名振中毒身亡了。他留下遗言，说让张煌言率领我的部下吧。郑成功却横插一脚，说："我的属下陈六御领兵也不错呢。老张，你看怎么样啊？"张煌言为了不伤大军和气，答应了。

第二年清军又整装重来，又一次占领舟山，陈六御阵亡。

崇拜张煌言的将士有很多，在他们的拥护下，张煌言成为了原鲁王监国系统军队的主要领袖。这下郑成功也不好意思再插一脚了。

张煌言依旧继续同郑成功保持高度亲密的战略合作。

南明永历十一年（1657），永历帝从西南派了个使臣，封张煌言为兵部侍郎、翰林院学士。

从南明弘光元年（1645）至永历十一年（1657），张煌言的反清复明大业已经走过了十二年。

这十二年里，张煌言收获过胜利，也品尝过失败。这两种截然不同的滋味，给予他的却是相同的力量。

他始终坚信在未来的某一天，自己必会取得抗清复明的胜利。他会收复京城，然后迎接他们的皇帝重新回到那座高大的宫殿里。

现在，这场旷日持久的抗战终于走到了关键节点。

之前，一直都是清军南下；现在，换我们明军回到属于我们的北地了。

北伐之战即将打响。

勠力北伐，惨遭命运戏弄

南明永历十二年（1658），清军又备重兵再次袭来。不过，这一次清廷的目标是云南和贵州。

为救云贵之困，张煌言再次使用"围魏救赵"的兵术。他与郑成功一起进军浙江，期望吸引清军兵力的同时，最好能够把乐清、宁海等地区收复。

全军上下士气勃勃，战舰行驶在海面上，有如离弦之箭。队伍在羊山，遭到台风的迎头痛击，损伤惨重。巨型战舰被毁百余艘，溺水士兵八千多人。无奈之下，两人不得不率军撤回，从长计议。

南明永历十三年（1659），西南部明军仍然日日坚守在抗清前线，清廷还在不断加派兵力，以求尽快攻下云贵。

为牵制住大举向云贵发出攻势的清军主力，张煌言与郑成功又一次率义军进入长江，逆流而上，打响最终回的北伐之战。

队伍抵达崇明之后，张煌言提出一个十分具有建设性的意见。

他考虑到这次北伐之战，有时间长、规模大、任务重三个特性，为使士兵作战之余进退有据，可以得到充分的休息，向郑成功提议："崇明这个地方，处于长江和东海之间，进可攻，退可守，不如我们就此安营扎寨，也好让辛苦的战士们有个休整的地方。"

郑成功没有接受这个提议，执意继续行军。

这是此次北伐郑成功第一次拒绝听从张煌言的建议，看似并没有造成严重的后果，但我们务必得记住这个总是不断拒绝张煌言建议的人，也许是他一次次的拒绝，成就了清王朝的统一。

两人率领军队继续向前，准备从瓜洲走水路前往南京。

清军入关后，为防备明军，各地都采取了相当严苛的城防措施。他们竟在瓜洲金、焦两座山头间装置严密的拦江铁索，还在沿岸架设大炮，生怕有人私渡。

张煌言趁夜率领分队乘十七艘小船，在后续郑军的配合下，巧妙地破坏江防防线，并一鼓作气攻下了瓜洲。过往合作经验在前，张煌言已经充分了解郑成功的性格特点，所以他彻夜未眠，专门制订了一个以郑成功为对象的劝说攻略。

第二天，他就对郑成功展开攻势。首先，他对郑说："我们现在可以全力攻打镇江！"郑说："万一镇守南京的清军过来支援怎么办呢？"

张煌言十分从容地接道："我们可以先派一支水军假装猛攻南京北门，如此一来，南京方面的清军就自顾不暇了。"

郑成功凝神思考，仍旧十分犹豫。

张煌言又下一剂猛药："这支水军还可逆流而上，去芜湖方面展开一点活动，可消耗掉江楚方面清军的过多精力。"

郑成功听到此处，终于展开眉头，一边拍着张煌言的肩膀，一边又大笑着说："张公思虑甚是周全，既解此刻燃眉之急，又可断吾后顾之忧！明日就按此行动吧！"

第二日，郑成功命他往南京行进，而自己则去攻打镇江。

张煌言的队伍现在已不足一万人，连一百艘船都坐不满，但他毅然带兵西向行军，毫无畏惧之意。

不久，张煌言队伍就攻克仪真，准备向六合进军了。

郑成功写信过来，称镇江已然攻克。张煌言接到信后，按捺不住激动的心情，立刻回信称："既然镇江已经收复，那郑公你可以先平定附近沿江郡县，再从陆上出发，直取南京不在话下！"

张煌言认为郑成功通过这次镇江之战，应当会采纳自己的建议，南京将会成为他们的囊中之物。

他把心放回到肚子里，准备去走属于自己的那条道路。

南明永历十三年（1659）六月，张煌言军已经到达南京观音门外的江面上。

他在这苦苦等候两天，始终不见郑军踪影。于是只好派出几位将领，用轻舟率领部分水军攻打上游的芜湖，他本人则率军驻扎在浦口静待郑军的到来。

在这期间，他将剩余的义军兵分六路，在沿江两岸的郡县举办了广泛而深刻的抗清复明宣传活动，主要是通过群众演讲和张贴告示这两种有效形式。许多明时的旧官吏纷纷表示，要回到明王朝的怀抱。一时间，太平、宁国、池州、徽州、广德以及其他一些郡县不约而同地欢迎张煌言的义军队伍。

他所率义军纪律严明，所过之处，秋毫无犯，很快就收复了四府、三州、二十四县，城池近三十座。

抗清复明大业一片欣欣向荣！张煌言依旧在苦等郑成功的好消息。

"复明大业形势一片良好，取得最终胜利简直指日可待！一旦我们收复了南京，那清廷的皇帝小儿退出关外也未可知。"

郑成功正是这般想的。

他没有听从张煌言的建议，从陆路攻进南京，反而选择从水路出发。与此同时，他抑制不住自己想晒成绩的心态。在攻入南京之前选择先去祭拜明孝陵，这一举动给了清军喘息之机。

郑成功被当下短暂的胜利冲昏了头脑，丧失了理智，竟然听信清廷守城将领伴装投降的甜言蜜语，当真屯兵于南京城外，静待清军投降。

哪知等到夜半，等来的却是清军明晃晃的刀剑！明军反应不及，惨遭大败。

这一败使得复明之业的大好形势急转直下。

战败的消息传到了张煌言的耳中，煌言无语至极。仓促之下，他不得不立刻调整作战计划挽救危局。他马上寄信给郑成功，决定收兵回到芜湖，联合瓜洲新训的义军，镇守在镇江。稍待时机，再攻南京。希望他务必守住瓜洲和镇江。

张煌言随即就收兵往芜湖方向赶去，途中又收到消息——郑军已放弃瓜洲、镇江等地，退回海上。

这下子，张煌言如遭雷击。

前有狼，后有虎。郑成功此举一下将张煌言置于进退维谷、腹背受敌的境地。

孤木不成林。张军孤立无援，很快遭遇清军围剿，败下阵来。

北伐失败了。

张煌言和他的队伍处于失联状态。

帝死将亡，孤臣难以为继

郑成功兵力强盛，拥有丰富的抗清经验。一直以来，他对张煌言也算尊敬有加。但从根本上来说，郑成功不是张煌言理想的合作对象。他经常拒绝张煌言的合理提议，常常独自行动，一声招呼都不打，说撤兵就撤兵，完全不顾队友的死活。

张煌言手下的义军被清兵打至溃散时，他依然十分镇定，命人把剩余的船只凿烂，又率领残余队伍上岸，绝不给清军留一点军备设施和人力。

众人在湖北、安徽交界处的英山、霍山一带辗转数天，一是为躲避清军源源不断地围追截堵，二是着实迷了路，走不出来。

一路经安庆、建德、祁门、淳安、义乌、天台等地方，步行两千多里，人也越走越少，最终只有一个小童陪着张煌言回到浙东滨海地区。

张煌言再次回到起点。

在过去几千个日夜里，张煌言遭遇无数败绩。无论是外因还是内因，每次他都能很快重振旗鼓。他坚信，命运是站在他这一边的。这一次，也不会例外。

回到熟悉的浙东，张煌言觉得仍可继续坚持。很快他就再次高举义旗，将旧日的部下召集起来，开始招募新的义军扩充队伍。

郑成功听闻张煌言生还的消息，竟拨了部分兵力予他义军的队伍这才稍显壮大。

张煌言以台州临门为临时根据地，继续在那里从事抗清复明活动。沿海百姓听说张煌言尚且在世，又重组义军，竞相争着为义师提供粮食。

清廷十分惊异，他们不曾想到张煌言竟然如此顽强。找不到其他法子，只好逮捕了张煌言的妻子和儿子去威胁他，张煌言就是不为所动。

无奈之下，清廷又颁布了十分严苛的"迁海"制度，妄图以此为契机切断张煌言义军的粮食供应。

南屏山张煌言祠

张煌言并未就此投降，他带领所有士兵自耕自种。既保证粮食供应，又锻炼了兵士的体魄，还常常感叹道："这实不失为一个练兵的好办法！"

早已回到福建的郑成功，现在居然连福建也想放弃了。大抵是因为复明大业作战时间太长、作战对象实力又太强，这么长时间总也取不到好的成绩。

郑成功感到非常疲惫，决心要入据台湾，远离大陆本土，休养生息，再择日伺机行动。

张煌言听闻此事，即刻修书一封劝慰郑成功："行兵打仗从来没有刚进一寸又退一尺的。如果退守台湾，那金门、厦门必定失守。这样，一定会使天下所有复明义士灰心失望，进而丧失抗清斗志，还望郑公仔细思量。"

郑成功仍是不听。

康熙元年（1662）四月，永历帝在昆明遇害。

五月，郑成功病逝于台湾。他的儿子郑经没继承父亲杰出的军事能力，兵力又实在薄弱，便直接放弃沿海岛屿，彻底退守台湾。

同年，鲁王病死在台湾。

张煌言被这一连串的噩耗所打击，陷入昏昏然的境地，不知如何是好。这时，抗清局势更是每况愈下，东南沿海只剩下张煌言一人孤军奋战。

很快，张煌言决定将作战基地更换到宁海临门村一带。

清廷浙江总督赵廷臣，见张煌言此刻形单影只，又一次写信招降，再次被张煌言拒绝。

清康熙二年（1663），张煌言好不容易收集到战舰百余艘，预备攻取福宁地区，结果因叛徒出卖，此次行动无疾而终。

康熙三年（1664）六月，张煌言率领残余部下退到舟山岛。他洞悉复明运动大抵是无力回天了，含泪解散义军。

义军散尽后，张煌言独自对海而坐，眼角残留些许泪水。他竭力睁大双眼望向对岸，只见岸上影影绰绰的一些小人儿，或背或担，或提或扶，静静地，却只走着自己的路。偶然与他人相遇，也只停留一瞬，继续向前。

他面无表情地想：我还有路吗？我又该往哪去呢？

这时，从他的身后传出一道声音："大人，你应当好好休息一番，不要被这一时的情绪控制了。我们还活着，并且还占有舟山岛呢！"

原来是一直陪伴他的小童，他居然还没离去。

这话真的提醒了他："我不是许诺了吗？只要我张煌言活着一天，抗清复明就没有停下的一天！无论如何，我还活着。"

张煌言稍微镇定下来，但仍坐在地上望着对岸。

日头逐渐偏西，他终于站起来，转身对自己的侍从说："你说得没错！我们还远没到无力回天的地步，不就是从头再来吗？即使那一天到了眼前，我张煌言也无愧此生！那时候，若有条件，我只愿自己能在西湖边长伴岳飞将军就满足了。"

说罢，他招呼小童往回走，打算尽快想清楚自己今后该往哪个方向去。

几日后，他隐居到悬嶴岛，计划先韬光养晦，择日从头再来。

七月的一个晚上，因有旧部出卖，张煌言被清军俘获。

后他被押到宁波。此刻，张煌言即使身披镣铐，也依旧神态自若。

清浙江提督张杰，设重宴招待张煌言，许以高官厚禄，再三诱降。张煌言慨然答道："我的父亲死了不能埋葬，国家要灭亡了不能挽救，死有余辜。今日之事，速死而已。"

张杰只得将张煌言押送至杭州。

到了杭州,清廷仍不放弃诱降,许其兵部尚书之职。张煌言对清廷的重官劝降嗤之以鼻。

康熙三年(1664)九月七日,他被清廷杀害于杭州弼教坊,尸体也被清兵随意弃置荒野,无人收葬。后来他的好友遵照其遗愿,将他葬在西湖边南屏山北麓荔枝峰下,与岳飞、于谦二墓为邻,互为辉映。此后,张煌言和文天祥、岳飞三人被并称为"西湖三杰"。

张煌言,明万历四十八年(1620)生人,在明崇祯十五年(1642)考中举人。

许诺此生不光复大明便至死不休,此后便将自己的

张苍水墓道

一生都许给了国家。

从南明弘光元年（1645）的宁波起事到清康熙三年（1664）在杭州被杀，张煌言抗清复明的脚步从未停歇。每次出师，都拼尽全力，唯恐少杀一个清兵。虽然终年与败绩勾连，却从未怨天尤人。

张煌言的一生是悲情的一生，满腔豪情尽洒，终究敌不过命运和人力的恶意对待。他更像是一把弓，在二十年的岁月里无数次以满腔的热血将利箭射向清廷，最终将这样不屈强权、知难而上的精神以血的形式刻印在每个杭城人的心中。

参考文献

〔清〕张廷玉等：《明史》，中华书局，1974年。
〔清〕陈鹤：《明纪》，国学整理社、世界书局，1935年。
赵尔巽等：《清史稿》，中华书局，1977年。

第十章

葛云飞：胜利无望也要拼死抵抗

抗英护清，不打无准备的仗

葛云飞，出生在一个下级军官家庭。

俗语"你有张良计，我有过墙梯"中的张良是葛云飞的先祖。葛家的家族传统就是葛氏子弟生当习武，所以，在葛云飞年幼时，他的父亲就带着他一起习武读书。

有一回得了假期，既不用温书也不用练武，葛云飞对怎么安排时间十分发愁。他想，父亲晚上虽不考校我的功课，但肯定也不愿意叫我把这一天荒废过去，我还是去练习射箭吧。

这时，三两个稚气未脱的男孩打打闹闹地推开葛家的院门，他们邀请葛云飞同他们一道去西湖游玩。

到了西湖，其他小伙伴不是忙着欣赏西湖美景，就是沉迷在沿岸小贩精湛的手艺中无法自拔，只有葛云飞一下子就被栖霞岭南麓静默的岳飞墓吸引住了。

正当葛云飞拜祭岳飞时，一副楹联吸引了他的注意力："文臣不爱钱；武臣不惜死。"

看到这儿，葛云飞感到很震撼。岳飞这两句话直接给文武两类国家栋梁定了性，历朝历代的英雄忠烈之辈无外乎是这两类人。

这天回家之后，葛云飞更加痴迷习武，日日勤加练习。终于在清道光三年（1823）考取了武进士。

他被分配的第一个职位是守备。没干多久，葛云飞又在杭州各地的水师营里辗转，训练水兵。葛云飞从小打下了良好的武学基础，故而在与海盗们正面对战的时候，他凭借自身武艺高超且足智多谋，屡次击退作恶多端的海盗。

清道光十一年（1831），葛云飞升职了。他先是代理浙江定海镇总兵，不久就结束了短暂的实习期，正式任职。

刚升职的葛云飞沉浸在喜悦当中，想着以后我就是名正言顺的定海镇总兵了，我必要好好保护沿海居民，免受海盗侵扰。

葛云飞还不知道，以后他会守护这个地方，还会以定海镇总兵的身份离开这个世界。

任定海镇总兵期间，葛云飞的父亲去世了。葛云飞非常担忧母亲，请求回家守孝三年。

启程回家之前，他写下一道奏折上呈给皇帝，内容大致为如何解决大清沿海防线问题。在文末，他严肃地指出：广东地区必须立刻着手处理鸦片一事，洋人的阴险狡诈难以想象。如果处理不当，只怕要生出一场战事！

奏折刚被驿卒带走，葛云飞就快马加鞭地赶回山阴老家。

父亲的离开是葛云飞从未想到的。他总想着有一天打退洋人后，回家亲口告诉父亲：儿子没有辜负你的期待。

树欲静而风不止，子欲养而亲不待。

葛云飞的眼前浮现出父亲为他打造第一把弓箭时的情形。那时父亲时常嘱咐他："我葛氏儿郎，在战场上绝不怕受伤，也绝不后退！"

是父亲的教诲成就了今日的葛云飞。

清道光二十年（1840），葛云飞仍沉浸在父亲去世的悲痛之中，一个坏消息却从东南沿海传来：英军在六月侵占定海。

听到这个消息，葛云飞有些讶异。他料到英军迟早会开战，只是没想到时间会这么早。葛云飞很犹豫：父亲才去世，母亲还沉浸在丧夫的悲痛中，我如何能抛下母亲去定海？

其实，葛云飞的母亲早已洞悉了儿子的一番纠结。

一日清晨，母亲叫住准备下地耕种的葛云飞："云飞，放下你手上的锄头，去收拾行李准备启程吧。现在正是国家需要你的时候，你的手不是用来种地的！不必担心我，我会照顾好自己。"

说罢，就将葛云飞拉回屋内，叫他打包行李。第二天一早，葛云飞没有惊动母亲，就独自打马离去。

这一路上葛云飞心急如焚，紧赶慢赶才在七月抵达定海。浙江巡抚乌尔恭额曾听说过葛云飞颇擅谋略，于是向他问计。葛云飞从乌尔恭额的口中彻底明晰当下形势，他不假思索，十分从容地答道："根据现在的情形，摆在第一位的是固守其余诸城，第二才是与英兵一战。"

说完，葛云飞便从一旁的案上抽出一本薄薄的册子递给乌尔恭额，封面上赫然是"灭夷十二策"五个大字。乌尔恭额带走这本册子，当夜就一口气读完了这《灭夷十二策》。第二天，乌尔恭额又找到葛云飞："你的谋略攻守有度，非常适合主持定海镇边防事务。不知你可愿意？"

葛云飞当即就接下这个重担，第二天就展开边防部署。他将一些精兵安置在招宝、金鸡两山，同时在关内设置大炮，又在沿江修筑高大的土城来防备英军，还在江心和一些狭窄的巷口处装置了许多树桩以及竹排用来阻碍英人的船只入港。

这样一番安排下来，将士们对接下来的恶战充满信心，日日都沉着冷静地镇守关口。

八月，葛云飞的老友王锡朋从吴淞调任宁波，与葛云飞等人守定海。

老友见面后，经过一番商议，两人决定请见钦差大臣伊里布，收复定海。没想到他们的提议却遭到伊里布的坚定拒绝，伊里布甚至还要求他俩一同出席几日后与英军的和谈。

两人断然拒绝了这个无耻的要求。

清道光二十一年（1841）一月，琦善擅自与英人方面议订《穿鼻草约》，英兵强占香港后，才答应归还定海镇。

二月，葛云飞和寿春镇总兵王锡朋及处州镇总兵郑国鸿三人，率兵三千人，以军舰渡海，接收定海镇。

武臣无畏，以身卫护定海镇

清道光二十一年（1841），春节刚过完，全国的百姓尚且沉浸在节日欢乐的氛围中，同时也开始摩拳擦掌地预备春耕了。

与民间的祥和相比，道光皇帝的朝堂却颇不宁静。大臣们跪了一地，全都战战兢兢的，有人还不住地悄悄用手擦汗，唯恐汗水滴落在金殿之上。众人中有一人尤其显眼，他跪在两列中央，以头伏地，两臂不住地颤抖。

金殿上散落了一地的奏折，道光皇帝则刚被随侍的太监扶回宝座之上。他叹了口气，说："洋人还没有攻进我大清国门的时候，你们一个个说我们是天朝上国，不屑他们的朝拜觐见。后来，别人用洋枪洋炮打进来，你们一个个又叫嚷着非得打回去不可。我将你任命为两江总督和钦差大臣，是叫你去让洋人见识见识我们的威武，你伊里布干了什么？"

跪拜于金殿中央的正是畏敌如虎的大臣伊里布。他到了浙江，被英人的坚船利炮吓破了胆，成天散播谣言："洋人很是威猛，很是了不得，他们的气势、船舰、枪炮，我们都难以望其项背。"

不仅如此，他还擅自下令撤去防兵，一味妥协、退让，在定海军务中无甚作为。

道光帝一想到这些就怒不可遏，索性摘了伊里布的顶戴花翎，将江苏巡抚裕谦任命为新的钦差大臣，处理浙江的军务大事。

裕谦接到任命就即刻出发了，一路上接连收到定海镇总兵葛云飞的好几封书信。

第一封信上说："裕谦大人，定海这个地方位置很特殊，它连通东海和长江，是浙江的门户。定海镇这个地方更不一般：北面的晓峰岭俯瞰整个县城；东面的竹山靠近海边；剩下的南面什么阻挡都没有，敌人可以长驱直入。我们可以在道头修筑一段土城墙，在竹山、晓峰岭上建炮台，可以预防敌人直接攻进来。"

第一封信的回复尚且没有收到，葛云飞又写了第二封、第三封……这些书信无一例外，全都是修筑定海镇城防的提议。葛云飞提到为远程防备敌人，应在晓峰岭等定海镇四周的地方都修建炮台。对于此建议，裕谦说："花钱太多了，我们没有那么多军费。"然后拒绝了葛云飞。

葛云飞很快回复他说："我可以自费，请朝廷提前预发我三年的俸禄。用我的俸禄修筑行吗？"

裕谦气急败坏，这个葛云飞真是太过得寸进尺！我回他一两句是给他面子，他难道想代替我总管这些军务要事？一想到这件事，裕谦就忍不住加快脚程，想尽快到定海，看看这个嚣张的葛云飞到底是何许人。

清道光二十一年（1841）二月，裕谦历经艰辛，到达了定海镇军营。刚下马,他就迫不及待地想与葛云飞面谈,但营地的士兵告诉他,葛大人到前线去了。

裕谦也不休息,干脆纵马去寻找葛云飞,顺便四下打听这位葛大人的作为。一名从前属于葛云飞麾下的士兵说:"我们葛大人从前在浙江水师做守备的时候,常常孤身入海逮捕海盗。有一个人妄图偷袭我们大人,大人徒手就夺过那把刀,抓住了那个人。"

裕谦听到这里,对葛云飞越发好奇,就根据那人的指引往城北方向去了。

步行没多久,裕谦就看见一个身穿青褐色短布衣服的人。那人头上包着白色的头巾,脚上蹬着一双相当粗糙的草鞋,快步行走在烈日之下,肩头还担着两筐土。

裕谦上前,问:"你就是葛云飞?"

葛云飞突然被人叫住,回头看看却并不认识这人。他疑惑地答道:"我就是葛云飞,请问你是谁?"

裕谦很惊讶,他没想到葛云飞竟亲自去修建土城。

裕谦到军营这几天与葛云飞朝夕相处,也越来越敬佩葛云飞的为人。葛云飞此前提出的种种边防措施,如修建土城和修筑炮台,都得到了裕谦的同意。

清道光二十一年(1841)八月,因王锡朋、郑国鸿将要调离镇海,葛云飞就为他们举行饯别宴。

三人正举杯痛饮,忽然,一个士兵上气不接下气地跑进营帐内,急促地喊道:"报!总兵,洋人准备攻进来了！"

三人一听到这个消息，马上命人撤下宴席，各自带领自己的军队，准备迎战。

裕谦却在这时下达了一个使人愤怒的命令——只允许我们的军队在岸上迎敌，不准下到海面上。

无奈之下，三人只好就着定海镇城防地图临时更改之前的作战策略。最后他们决定，葛云飞驻守直面火力的道头土城，王锡朋和郑国鸿则分别在北面的晓峰岭和东面的竹山驻防。

定海保卫战就这样打响了。

战争伊始，双方都只是小规模的试探。

因为清军不得下海，只得等待英军主动接近。首先出场的是英军的四艘军舰，它们装备齐全，正往港口方向驶来。

葛云飞一直在炮台高处盯着英军的动静。待到英军舰队行进到地势开阔的地方，他就一声令下，万炮齐发。敌军军舰的桅杆在炮火的轰击下全部断裂，无法继续前进，只能快速退到吉祥门外。

英军在鸦片战争中取得重大胜利，如今对于攻下定海镇更是势在必得。

他们白天狼狈而归，夜里又率舰队往东面的竹山袭来。郑国鸿早有准备，英军舰队一靠近竹山就立马迎战杀敌。

葛云飞打听到英军兵力强盛,大小舰船约有百余艘,军队人数更有两万人。和英军相比,定海镇守军只有区区五千多人。

葛云飞请求裕谦增加炮弹和兵力支援,裕谦却认为葛云飞是在夸大其词,拒绝了他的请求。三位总兵只有继续拼死迎敌。

英军无法容忍自己接连两天的失败,在第三天一早就出动了"复仇神"号等三艘军舰,同时向晓峰岭发动进攻。

双方僵持不下,一方千方百计想登陆,一方又拼尽全力阻止对方登陆。双方都疲惫异常,最终英军的猛烈攻势被王锡朋艰难化解。

可惜,英军凭借着强盛的兵力和装备始终盘踞在定海镇南面的水域上,不见退势。

战争打响的第四天,英军又转移攻击目标。在大小五奎山集结重炮,加大火力持续不断地轰向土城。

葛云飞一面指挥部下迎敌,一面对英军指挥方保持高度关注。很快,葛云飞就注意到英军甲板上那个身穿鲜红外袍的洋人正是英军方的指挥官之一。葛云飞亲自瞄准开炮,一炮射过去,将那个红装洋人击倒在地。

英军很快拖着那个指挥官的尸体狼狈而去。

随着战争时间无限延长,定海镇守军的粮草也越发紧张起来。士兵们随时随地都要保持高度警惕,以应对英军不定时发起的袭击,同时又得不到充分的补给,很快就出现士气低迷的情况。

粮草补给不足的问题不知怎么就传到了定海镇当地百姓的耳中。百姓们不忍看到将士们出生入死却无法吃饱，自发地担着、背着许多米饼送到定海镇前线。

有一位老伯还特地为葛云飞带来参汤，说："葛大人带着将士们在前线冲锋陷阵，我们什么忙也帮不到，只好用这个聊表敬意。请大人不要客气！"

葛云飞站起身，朝着老伯鞠了一躬，又朝着众将士鞠了一躬，再抬起身来，两眼已经满含热泪。他说："你不要这样说。没有把这些洋人驱逐出去，我有什么颜面来见父老乡亲们？况且，众位将士比我葛云飞更加辛苦，我又怎么能独自饮用参汤？"

那老伯再三要求葛云飞喝掉参汤，于是，葛云飞无奈之下只好将参汤倒进了驻地旁的河水中，说："诸位，这几天的激战大家都辛苦了！你们每一位都是我葛某人的左膀右臂！请大家和我一起享用此汤，我们势必会把洋人打败，保卫定海镇！"

葛云飞说完这番话，驻地内一片肃穆。突然，大家都纷纷站起来，来到河边，以手作瓢状，盛河水一饮而尽。

片刻后，一个士兵走过来，他眼圈通红，声音稍带哽咽："大人待兵如兄弟，和我们一道忍饥挨饿，我们自当拼尽全力，既为大人，也为自己。"

接下来，英军攻势更猛，分别从几个不同的方向炮轰定海镇，几次险些登陆，都被清军打退。

虽然英军始终没能成功登陆，但葛云飞凭借着敏锐的军事嗅觉察觉到最后一场决战即将到来。显然，英军以超出清军几倍实力的装备和兵力，却一连狠吃了几场败仗，已经克制不住自己的攻击欲望了。

果然，一日清晨，海面上大雾弥漫。英军非常兴奋，乘着雾大清军无法视物，倾全军之力向定海镇前沿各处发动攻击。

他们在五奎山大炮的掩护下，突破清军防线，分为两队，强行登陆。英军的目标是王锡朋驻守的晓峰岭。晓峰岭险峻，清军以土炮攻向英军，想借此打退英军。直到弹尽炮毁，只好与英军近身肉搏。王锡朋阵亡，其所属部下全部殉国。晓峰岭失守。

英军既攻下了晓峰岭，又分两队，一路往竹山，另一路往定海镇。

六十五岁的老将郑国鸿率领部下在竹山门顽强抵抗，从大雾弥漫直到烈日炎炎。土炮打得破碎，洋人们已经上岸了。郑国鸿领着众人带着兵器与英军厮杀，来一个杀一个，不留出任何的空隙给英军。最终一颗子弹打中了这位经验丰富的总兵，郑国鸿缓缓倒地。竹山门也落入英国人的手中。

两地的噩耗传到葛云飞的耳中，葛云飞在万分悲痛的同时，也料到定海镇危局确实难以挽回了。他唤来自己的贴身侍从，嘱咐他："家中母亲已近八十，知道我死了，必定悲痛欲绝，请替我好好照顾她。代我转告她：'我拼死杀敌，是继承父亲的遗愿。'你也好好珍重。"

说完这段话，葛云飞就提刀冲向前方。

九死无悔，魂兮归来入萧山

清道光二十一年（1841）十月，定海镇正处于风雨飘摇中。

葛云飞迟迟等不到援军，而杀红了眼的英国人已经攻下土城，正从竹山脚下一步一步逼近。

雨势大如瓢泼，清军的土炮彻底变成哑炮。没有了炮火的加持，清军就只好手持刀枪肉搏。英军因久攻不下也失去了耐心，攻势也更为疯狂。双方陷入胶着的战斗中。

一个英国军官趁葛云飞杀敌不备，竟一刀砍下他半边脸！瞬间，葛云飞脸上血流如注，但他手上的大刀却挥舞得更加有力，气势如虹，令人不敢直视。

那英国军官被吓呆的同时，葛云飞又砍死几个英军。这时，海面上的英国军舰"弗莱吉森"号连发几颗炮弹，其中一颗炸穿了葛云飞的胸口，葛云飞这才无法继续杀敌。

终于，竹山以挺起的胸膛支撑住了立在它胸前的葛云飞。此时，葛云飞的嘴边与脸侧不断溢出鲜血，眼神却依旧坚毅凶狠，吓得想要在他身上续补几枪的英军四处逃窜。

葛云飞的呼吸渐趋急促，他看见远处云雾缭绕的天空中，恍惚出现母亲面带微笑的面庞。他的思绪缓缓飘浮："母亲，我葛云飞此生不负国家，不负使命，却唯独没能做好你的儿子。只愿来世可报你的养育之恩。"葛云飞随即气绝。

英军成功攻陷这最后一方炮台，定海镇就此沦陷。而清军上下，全部殉国，没有一个叛逃的。

夜已经深了，山际间只有此起彼伏的雷鸣和绵延不绝的雨声。

一点亮光突然出现在山脚，那亮光在盘山小道上忽隐忽现，明显是冲着山顶来的。此时，数道惊雷配合着闪电倏忽冲向竹云山，照亮了整个山脊。

只见神秘亮光旁现出一个人影来。那人身披蓑衣，头戴斗笠，手持一盏小而破旧的灯笼，深一脚浅一脚地走着，直往白日里定海镇总兵葛云飞身死之处而去。

这人是定海当地一个叫作徐保的农人，他想来收殓葛云飞的尸身，把葛云飞好好安葬。

雨停了，月亮悄悄地从云端露出，洒下一地银光。徐保借着月光和灯笼看向葛云飞，他惊讶地发现葛云飞直直地屹立在岩石上，两只手臂虽然伤痕累累，却依旧紧握一柄锋利的大刀，左侧眼睛仍然坚毅地直视前方。

徐保早就抑制不住自己，终于弯下腰来，痛哭失声。

伤心之余，徐保尝试背起葛云飞的身体。试了几次之后，葛云飞的身体仍然分毫不动。徐保跪下来，哽咽道："难道你就不想再见太夫人一面吗？"说完，他再次伸出双手去够葛云飞的双腿，神奇的是，葛云飞的尸体不再纹丝不动，而是任由徐保背起。

徐保赶忙乘着夜色，偷偷将葛云飞的身体运送回家。

好不容易躲过英军的搜查，徐保带着葛云飞的尸身回到山阴县，一边打听一边往葛云飞家走去。远远地就看到一个白发苍苍的老妇人正拿着一把破旧的扫帚，慢悠悠地打扫院子。

徐保在门外唉声叹气，徘徊许久，最终还是决定进去。

于是，他敲响院门，放大声音说："葛老夫人，请你开开门，有人想见你一面。"

听到声响的老妇人缓慢地前来开门，门开后只看到一个陌生人，他的背上还背着一个全身被黑布裹住的人。

徐保还没得到同意就踏进院门，又直直进入房中。葛老夫人跟入房中，正准备问话，就见那陌生人扯下了那块黑布。

那黑布后俨然是自己的儿子。他面目残缺且脸色苍白，眼睛直直地睁着，不见吐息。

老妇人双手不停地颤抖，她缓缓地伏倒在这一动不动的身体上，温柔地抚摸葛云飞只剩半面的脸，泪水滴落在那苍白的半面脸颊上。

徐保在一旁，同样是面色苍白。一盏茶的时间后，一道沙哑微弱的声音才突然在这空荡荡的房间响起："多谢这位壮士送我儿子回家，想必一路上肯定非常困难。"徐保叹息道："算不上什么辛苦，葛大人才是……葛大人他们败了，在竹山，所有人都死了。"

葛老夫人擦了擦眼角残存的泪花，说："我儿子自小便有报国大志，他立誓要做一个像岳飞一样不怕死的武臣。今日他以这个样子回来，是死得其所，他自己也不会遗憾了。"

徐保不愿再待在这儿打扰母子二人的团聚，就声称自己还有许多家事，自行离开了。

定海保卫战失利的消息传到了北京。道光皇帝听说三位总兵以及所有清军全部殉国的细节后，也情不自禁地悲痛落泪，叹惜："我大清竟然有这般的臣子，这实在是我大清的幸运！"

随后就下诏书将葛云飞等人以国葬的礼制安葬，将三位总兵的神位全部移入昭忠祠，并且在每人的原户籍处修建祠堂，以时时祭祀。

葛云飞一生经历可用"简单"两个字概括。前半生的时光无忧无虑，志在精研武艺，待学成后亲上战场，报效祖国大好河山；后半生兢兢业业，于浙江水师营中操练水兵，狠抓海盗，后全心全意守卫定海。

葛云飞用实际行动贯彻了偶像岳飞的名言警句——武臣不惜死。也许，那天在西子湖畔虔诚跪拜的小少年，从未想到过会有这样一天。

自葛云飞死后，他从前居住的村落便改名为云飞村。村里的百姓们口口相传着葛云飞英勇抗英的故事，鼓励自家的小孩子以葛云飞为榜样。

如今，云飞村因里面有葛云飞故居和葛云飞之墓，已成为重要的爱国主义教育场所。人们常常在葛云飞去世的日子自发地前来祭拜他，还定期举办祭祀活动。

名为历史的豪华马车缓缓驶过，这马车成就了无数的有志之士，也摧毁了无数的奸邪小人。过往的风流成败已然散去，只有一腔热血是永恒的，这是对人民的热血，也是对大好河山的热血。

所以，今日之杭州仍会永久铭记昨日之葛云飞。

参考文献

赵尔巽等：《清史稿》，中华书局，1977年。

〔清〕陆以湉：《冷庐杂识》，中华书局，2007年。

王炜常：《民族英雄葛云飞》，《浙江学刊》1989年第6期。

第十一章

秋瑾：辛亥革命中的女杰

鉴湖女侠，静待一场留学之旅

时间很快，又是一年月圆时。今夜是中秋，整个北京城都充满了节日的喜庆氛围，大街小巷灯火通明。灯光与烛光，黄澄澄的，连成一片，扫去了秋日夜晚的凉意。

秋瑾此时的心情极度烦闷，没有一点赏月的闲情雅致。事实上，她已经做好了留学日本的决定，但仍然抑制不住自己内心的失望和面对未知的恐慌。

她趿着一双拖鞋，在洒满月光的院子里走来走去，时不时抬头望向天际的那一轮圆圆的月亮。

夜越来越深，北方秋夜的寒意逼得她不禁打了一个寒战。

她回到房中，胡乱地找到一件软软的褂子披上，走到书桌前坐下，提笔在纸上写下了一首《满江红》词：

小住京华，早又是，中秋佳节。为篱下，黄花开遍，秋容如拭。四面歌残终破楚，八年风味徒思浙。

第十一章 秋瑾：辛亥革命中的女杰

绍兴秋瑾故居

苦将侬，强派作蛾眉，殊未屑！身不得，男儿列；心却比，男儿烈！算平生肝胆，因人常热。俗子胸襟谁识我？英雄末路当磨折。莽红尘，何处觅知音？青衫湿！

写完，秋瑾又读了一遍，口中不住喃喃道："何处觅知音？何处觅知音？我到哪里去找寻知音呢？"

这是清光绪二十八年（1902）的中秋，秋瑾陪同丈夫王廷钧第二次来到北京。她在北京结识了一批对时局颇有见地的有识之士。次年，终于决定要短暂地离开丈夫和儿女们，到日本去留学。

她要去正在迅速变化革新的日本，学习新的知识，待自己学成归来后尽绵薄之力，救国家于水火之中。

遗憾的是丈夫并不支持自己，还为此和她大吵了一架,开口闭口说的都是"这些不是你们女子该做的事"。秋瑾感到非常痛苦,她无比痛恨当初那个一味听信"父母之言,媒妁之命"的自己。既是这个社会的枷锁禁锢,也是自己的不反抗才让她走到了今天这般境地。

这些事都要从清光绪元年(1875)说起。

一个小女孩呱呱坠地,她承载着全家人的期盼,来到了这个世界。这个小女孩就是秋瑾。

她生在书香世家,耳濡目染,自有一股子书香门第的风流潇洒。除读书习字以外,她又经常舞刀弄枪,立志要做一个除暴安良、卫护国家的巾帼英雄。

她祖籍绍兴,绍兴有闻名天下的鉴湖,故后来她自称为"鉴湖女侠"。秋瑾的父母都很喜爱她,她的父亲秋寿南甚至在被调派外地时也常常让她陪伴左右。

清光绪十八年(1892),秋寿南在湘乡县担任督销总办,偶然与曾国藩的长孙曾重伯结识。经曾重伯的介绍,秋寿南为自己的女儿秋瑾与湘潭义源当铺老板王黻臣的小儿子王廷钧定下了一纸婚约。

这一年,和家人一起在湘潭度过了闺中自在时光的秋瑾,遵父亲的意愿嫁给了王廷钧。两人于四月初五在荷叶(今湖南省双峰县荷叶镇)举行了盛大的婚礼。

秋瑾的婚姻生活过得并不快乐,除了思念与自己分隔两地的父母亲友,最令她感到痛苦的是,自己与丈夫王廷钧两人完全志趣相左。王廷钧在湘潭主持义源当铺的日常工作,对国家与时局的变化毫不关心,又不爱读书,两人实在无法产生任何精神共鸣。

清光绪二十一年（1895），王廷钧通过买官（清朝默认的买卖官职制度）的方式谋得一个京城的小职位。次年，秋瑾随丈夫一道入京。光绪二十七年（1901），因此前八国联军侵华，两人暂时回到了荷叶。

光绪二十八年（1902），秋瑾又随丈夫去北京复职。去北京的途中，发生了一件使秋瑾异常愤怒的事情。当时正值庚子事变爆发，洋人把控了入京的各个关口，打出"检疫"的名号，要求出入的中国人，无论男女都必须脱光衣服接受他们的检查。

秋瑾坚决不从。在她看来，这件事表面为"检疫"，实则就是侮辱中国人，这是在侵犯中国人的人身自由。幸得一名清朝官员从中调停，秋瑾才免遭此难。经历了这件事后，秋瑾对洋人产生了难以名状的厌恶与愤恨。

王廷钧到北京做官后，依旧没有摆脱他作为富家子弟的许多陋习。平日并没有多少正经工作需要他处理，反而天天同一些贝子贝勒瞎混，虚以度日。

自号"鉴湖女侠"的秋瑾十分厌恶丈夫这样的行为与作风。她每日闷闷不乐，眼见着山河破碎，自己又被毫无意义的婚姻束缚而没有丝毫作为，纵使心头有一腔热血，也不知道该用到何处。

转机很快就来了。因为王廷钧的工作，秋瑾偶然认识了名满京城的吴芝瑛，她是王廷钧同事廉泉的妻子。因两家互为友邻，认识之后就常常往来。朝夕相处间，秋瑾与吴芝瑛逐渐成了至交。

吴芝瑛经常邀请秋瑾到自己家中品茶读书。两个人都对国家时局颇为关心，常常针对新闻事件高谈阔论，这样的交流打开了秋瑾的心扉。通过吴芝瑛，秋瑾有幸阅读到了很多思想先进、内容丰富的新书、新作品，其中许多言论她此前从未听闻过。这些话要是公然谈论，恐怕是要被杀头的。

她尤其重视陈天华的《警示钟》和《猛回头》。彻夜读完这两本小册子后，秋瑾兴奋地对吴芝瑛说："陈天华就是我的启蒙开智老师！没有这两本书，我还像往日那样愚昧无知！"

与此同时，她的丈夫王廷钧与焕然一新的秋瑾截然相反。他依旧是一副富家子弟懦弱柔顺的样子，赖着清政府的一官半职，谋求升官发财，成日胡乱混日子。

秋瑾想逃离这样的丈夫，逃离这种令自己痛苦不堪的生活。

经好友吴芝瑛的介绍，秋瑾认识了在京师大学堂教授日语的老师服部繁子。从繁子的口中，秋瑾知晓了日本有专供女子读书的学校。她不可抑制地心动了。几经周折后，秋瑾在服部繁子的帮助下，获得了自费到日本留学的机会。

可是，王廷钧并不赞同这件事，还以她是"妇道人家"为由责备她。

东渡日本，开启革命新征程

烦闷的秋瑾就在清光绪二十八年（1902）的中秋写下了那首《满江红》。

她找到吴芝瑛，同她说了自己的决定以及现在的处境。吴芝瑛大为赞同她留学日本的决定，并告诉她："你需得记住，诚然你是一个母亲，也是一个妻子。但，你也是你自己。"

听到这话，秋瑾豁然开朗。自己为何要被那怪圈束缚住？我可以自己做决定，对自己负责。

既然无知己，那我便去寻知己；虽说我只是个"妇道人家"，但我偏要去干成这件事。

清光绪三十年（1904）的夏天，秋瑾终于得以走出国门，去看看那个不同于中国的日本。秋瑾在上海登上到长崎的轮船，踏上了去往日本的旅途。

因为秋瑾是女子，她的留学无法申请到政府报销，丈夫又不同意她去留学，所以旅费紧张。纵然有好友吴芝瑛的援助，但为节省旅费，从小养尊处优的秋瑾还是选择了三等座位，脏乱、拥挤。她只身携带一把短刀和一只极小的行李箱，在海上漂了数日，终于到达日本。

日本，这个与时俱进的国家，正处于应接不暇的变革之中。无数的改革措施被日本人一丝不苟地执行下去。秋瑾为了快速融入日本的生活，同时也为了能更快地接触到日本新潮的思想，她进到骏河台留学生会馆日语讲习所去学习日语。

在讲习所学习日语的这段时间里，她因心中迫切，每日学习都很刻苦。常常是天色未明便静悄悄地结束洗漱，找一个安静不扰人的地方放声诵读日语，这样的朗读一日都不曾懈怠。到了晚上，一道住宿的同学都结束了自己悠闲的课后生活，洗漱干净准备入睡。但秋瑾仍然坚持阅读日文书，练习日语写作。

这样焚膏继晷的学习状态很快给秋瑾带来了收获，她的日语水平得到显著提升。这样一来，秋瑾就有更多的机会去了解并研究日本的思潮变化、变革历史等等。

同时，女性的身份使得她自然地关注到当地女性各方面的状况。

她常常在中国留学生聚集的地方发表公开演讲，内容如"女学不兴，种族不强；女权不振，国势必弱""女子必当有学问，求自立，不当事事仰给男子""我还望我们姐妹们，把从前的事情，一概搁开，把以后的事情，尽力去做……我们自己要是不振作，到国亡的时候，那就迟了"。

起初，这些内容引来部分留学生注意，却并无多少人应和。只因当时，留日学生中仍是男子较多。但时间一长，大家都对这个穿着暗色和服、别着短刀、声音响亮的女学生产生了深刻的印象。

甚至在后来，当他们听说某日某地有秋瑾同学的演讲时，必定会邀请三五个好友，正装肃容再去。秋瑾形容严肃，演说内容每每悲壮淋漓。说到动情之处，座上的众人同秋瑾一起流下泪来。

到日本的时间并不长，秋瑾却每日都处于极端的忙碌中。尽管如此，她对这样的生活也感到非常满意。

因为自己的演讲，秋瑾结交到很多志士仁人。这里面的许多人引领她走向了更为深远的革命道路。秋瑾加入了旨在"反抗清廷，恢复中华"的"秘密会"，还与陈撷芬发起了一个开展妇女运动的爱国组织"共爱会"。还自费创办了《白话》月刊，用来宣传破除封建枷锁的各类文章。

清光绪三十一年（1905）春，秋瑾回国省亲，一并处理一些公事和私事。

三月，她回到绍兴探望母亲。在绍兴，秋瑾经别人介绍与徐锡麟相识。又在徐锡麟的介绍下，加入了爱国组织光复会。

七月初，秋瑾又踏上了日本这片土地。她结束了日语讲习所的学习生活，在东京青山实践女校附设的清国女子速成师范专修科，继续学习。

先前，黄兴与秋瑾在机缘巧合下相识，这段时间两人更是来往频繁，黄兴索性邀请秋瑾加入同盟会。七月十三日，在东京黄兴的家中，秋瑾与同盟会的创建者孙中山见了面。一番沉重且深刻的谈话过后，秋瑾成功地加入了同盟会。

入会仪式上，秋瑾慎重地宣誓："驱除鞑虏，恢复中华，创立民国，平均地权，矢信矢忠，有矢有卒，如或渝此，任众处罚！"随后，黄兴给她讲清楚了同盟会成员见面时的握手暗号和三种不同的秘密指令。

秋瑾加入同盟会后即被推选成为全国总评议部评议员和浙江分会的主盟人，即浙江分会会长。

同盟会的革命纲领给秋瑾的生活带来了很大的影响，在之后的革命生涯中，这个纲领指导了秋瑾无数次的革命行动。

每次策划新的革命行动前，秋瑾都会在心中将自己加入同盟会当晚曾许下的誓言默念一遍："危局如斯敢惜身？愿将生命作牺牲。"

十一月，日本与清政府勾结，颁布了取缔中国留学生的规定。这个规定的本意是为了规避中国留学生日趋革命化，此规定一出就严重触怒了追求先进思想的中国留学生们。

作为秋瑾启蒙开智导师的陈天华跳海自杀了！这件事严重刺激到了秋瑾，她想：既然国内外形势都如此严峻，那我更应当回国去与现实的黑暗作斗争！

愤而归国，辗转奔走谋起义

清光绪三十二年（1906）的三月，不见料峭春寒。清晨的海面，沉寂了一天的水汽被蒸腾起来，丝丝缕缕，互相缠绕。偶有微风拂过，一艘艘客轮、货轮才露出了隐隐约约的轮廓。

一位身着浅棕色西服的先生站在甲板上，他靠着栏杆用力地做了个深呼吸，身姿迷人挺拔。随即他转过身来，原来，那竟然是一位女士！

这位女士就是三十二岁的秋瑾。

她不再是从前那个少不更事、郁郁寡欢的秋瑾。

她带着一腔不曾退却的热血和一脑袋的崭新思想回来了，正期待着自己能很快地在这片土地上一展拳脚。

陈天华去世的消息令她悲痛万分。她无法想象能够写出《警示钟》和《猛回头》这般慷慨激昂文字的人，

第十一章 秋瑾：辛亥革命中的女杰

秋瑾身着男装（1905年拍摄）

在远离故土的情况下，竟会被清政府逼迫得自杀身亡。

她站在甲板上，向前方望去，看着熟悉的港口一寸寸地朝她靠近。

她想着："我回来了！没错，是被逼迫回来的！可是，这并不代表我认输了。如果在日本我们都无法短暂地置身事外，那么我选择直面清政府的屠刀。"

回国后的秋瑾目标明确，动作迅速。

她秘密回到北京城与自己的儿女和丈夫相见。此时，孩子们已经长大了不少，但和她并不亲近。王廷钧依然是旧时的样子，言谈间隐约透露出对她的不满。

几日后，秋瑾离开北京前往上海。

在去往上海的路上，孩子们疏远自己的场景时时在她的脑海浮现。秋瑾问自己："我后悔吗？这两年远离他们，我不是一个称职的母亲。我做这些，值得吗？我能确保自己一定会成功吗？"

"是的，我无法保证自己会取得胜利，但我绝不后悔。如果我不去做，难道还期望着别人去做吗！所以即使失败了我也不后悔！"

八月，秋瑾在上海创办《中国女报》，为中国妇女界出版刊物开一先声。

本来秋瑾到上海还要参与创办中国公学，但因为同盟会的安排，她被调回绍兴，在绍兴女学堂代课，为学生们讲述自己在日本的所见所闻。

后绍兴女学堂代课不成，秋瑾寻机会进入了浙江湖州南浔镇浔溪女校任教。

在浔溪女校任职期间，她一边勤勤恳恳地教书，一边在默默观察，想挖掘更多优秀的人才进入同盟会。

经过较长时间的审视，秋瑾发现了几颗革命的新星。

她将同盟会的纲领要义解释清楚并集成册子，在深夜，小心投放在那几位同学日日接触得到的地方；又偶尔在课堂上以漫不经心的态度谈论一些世界各国时政的变化；还常常隐晦不明地介绍三权分立、平分地权等新颖的政治观念。

果然不出所料，她看中的几个青年人很快就被她宣传的新思想和新理论吸引住。

不久，浔溪女校主持教务的徐自华、学生徐双韵等人被秋瑾发展加入了同盟会。

暑假后，秋瑾辞职，重新回到上海。

此时，同盟会内部通知江西萍乡和湖南浏阳、醴陵地区的会党和矿工将会发动一次武装起义（即萍浏醴起义），届时其他各地的成员在条件允许的情况下需要积极响应。

秋瑾数次与同盟会的成员杨卓霖、胡瑛、宁调元等人计划，待萍浏醴起义一举打响后，大家分别在长江流域的各省响应这次起义，以此来向清政府施压。

因为秋瑾祖籍绍兴，同时又是同盟会浙江分会会长，所以组织拟定让她负责浙江方面的发动工作。

秋瑾回到杭州，与徐锡麟秘密会面。等时机一到，两人就在安徽、浙江同时发动起义。

浙江的革命力量在秋瑾的带领下越来越强盛。

萍浏醴起义之初就声势浩大，又大败清军数次，前途显然一片光明。

长江流域的各省负责人，都在静静地观望，渴望等待一个恰如其分的时刻从各地打响武装起义，如若能一举歼灭清军主力，那扳倒清政府将不成问题。

但因起义军起事前没有完整的作战计划，又极度缺乏组织性和纪律性，打到一处是一处，完全没有后续的跟进安排，这就给了清政府可乘之机。

没过几日，清政府就火速征调了湘、鄂、赣三省及江宁的军队去镇压起义军。萍浏醴起义军领导人刘道一、魏宗铨两人惨遭杀害。

经此一事之后，秋瑾同徐锡麟密信交流，皖、浙两省起义的计划先暂时告一段落。

萍浏醴起义军的惨状动摇了同盟会内部许多人的决心，部分性格软弱的人居然从此退出了革命队伍。

秋瑾在杭州待了几天，她需要一点时间来反思萍浏醴起义的失败。

她待在杭州一间客栈的房间里，和所有人短暂断绝了联系，只坐在窗前呆呆地看着雨。杭州冬日的雨淅淅沥沥，日日夜夜没有停歇过片刻，湿气从地底下冒出来，缠绕在秋瑾身侧。

她回到床上躺着，觉得这寒意就像眼前的黑暗一样，粘着自己，躲不开，逃不过。

秋瑾不由想到自己知道噩耗的那一刻："不敢相信，轰轰烈烈的起义似乎转瞬间就这么败了。革命真不是一件简单的事情，不是喊喊口号、学学理论就能成功的。它是需要流血的，甚至说是用鲜血铸就的！这才是革命的真相！"

她问自己："我怕了吗？是不是想退缩了？"

不行啊！一想到这，就打心底里不甘心："不！这条路是我一意孤行走上去的，早就没有退路可回头。既然这样，如果真的需要我付出生命，我也应当直面它！"

第十一章 秋瑾：辛亥革命中的女杰

孤山下的秋瑾雕塑

秋瑾此时终于感受到了久违的轻松，回国后自己看似忙得团团转，实际也许只是在机械地运动。

那就这样吧！这一次失败了，不代表我们会永远失败。即使下一次也无法取得成功，也还会有更多的人参与进来！我们绝不会认输。

为保护家人不受她牵连，秋瑾暗中同家人诀别，向公众宣布从此脱离家庭关系。自此就孤身一人为革命事业奔走。

清光绪三十三年（1907）一月，正巧绍兴大通学堂无人负责，秋瑾接任了大通学堂督办（校长）的职位。

三月，秋瑾到安庆同徐锡麟会面。他们觉得新的起义时机已到，就决定两人分别负责安徽和浙江，到时在安庆和绍兴同时行动。

当下最要紧的就是一系列的准备工作。

秋瑾回到大通学堂后，以大通学堂招生的名义将浙江省内的会党暗暗组织起来。

为了使各会党更有纪律性和组织性，秋瑾暗中编制了光复军，使浙江各会党有统一的编制和明确的分工。这还是吸取了萍浏醴起义失败的教训。

时间很紧张，秋瑾每日命人督促光复军的军事训练；同时又频繁往来于杭州、上海两地，想动员军学两界的知名人士来支援起义。

但计划赶不上变化，七月六日这天，因遭人泄密，徐锡麟在安庆的行动失败。

这天，是安庆巡警学堂几百名学生的毕业典礼。学生们站在操场上，等待接受安徽巡抚恩铭的检阅。

此前徐锡麟已成功伪装在了恩铭的身边，成为恩铭的一位得力助手。毕业典礼上，一颗炸弹突然掉落在恩铭的脚下；仓促间，徐锡麟来不及思考更多，当即决定趁此机会杀掉恩铭。

恩铭被炸弹吓软了腿，跌坐在地上。徐锡麟三两步跑到恩铭的身边，冷静地对恩铭说道："大人，请不必惊慌，炸弹没有爆炸。我先带你出去。"

他一手扶住恩铭的同时，另一只手快速拿出手枪，抵住恩铭的腹部开了两枪。

安徽巡抚恩铭死了。

枪声响起的同时，也暴露了徐锡麟的位置。片刻间，就有源源不断的清兵从各个角落里跑出来，将他围住。

事发突然，徐锡麟身边只有二三十个伪装在学生中的属下，他们迅速奔到安庆军械所内随意拿起一把枪。

一出门，只见清兵已将军械所围得水泄不通！

徐锡麟只得带人分别躲在军械所内各个可掩护自己的架子后面，寻机会开枪射击清兵。

整个操场枪声、尖叫声、哭喊声不断，所有人都在东奔西逃，一切都乱了套。

清兵为彻底射杀这些所谓的"革命分子"，以金钱做诱饵，声称"打死一个五百两，后退一步千刀万剐"。

被金钱刺激到的清兵拼了命似的往前涌，如上涨的潮水一般，不见颓势。他们玩命似的射杀军械所内的革命者。

徐锡麟判断自己此行大抵败了，想法子叫来自己的通讯员，以身掩护他，命他通知秋瑾女士速速撤离。

当夜，徐锡麟被清兵逮捕。

未竟而死，且将生命做牺牲

夏日的绍兴偶尔也会有突如其来的暴雨。

夜里，一场暴雨袭来。大通学堂内，众人刚结束在秋瑾房内的议事，正准备归去休息，却不承想，现在大雨从天而降。

夜越来越深，雨越来越大。窗外一片漆黑，秋瑾用剪刀剪掉一根烛蕊，使得这烛光在雨夜中不那么显眼。众人又继续谈论刚才的话题，起义军在何处出发，暗号是什么，进城与出城的路线，等等。

这时有人听到外面传来了敲门声，一声两声三声……一声比一声急促。秋瑾急忙将桌上散开的资料收好，另一人缓步走到门边，推开一丝门缝。

这才看见门外一人被哨兵搀扶着，居然是徐锡麟的通讯员。

那人浑身湿透，进到屋内后，鞋子在地板上留下了一摊水渍。他不住地喘着粗气，吃力地说道："安庆起义败了，有……有叛徒，赶快撤离，不然……"说着就倒地昏死过去。

秋瑾一下就反应过来，对其余人说："安庆那边失败了，我们这里也不安全了！你们必须尽快离开此处！"

说完就连忙开始收拾房间内的各种文件，准备烧毁。

这一夜，所有人都在兵荒马乱中度过。

天亮了，大通学堂内的众多革命党人已经离开得差不多了。

秋瑾还静静地坐在一条板凳上，冷冷地擦拭着一把短刀。旁边有两三人正劝她一同离开，等待时机再举事。

徐锡麟被残害的消息昨夜已经传开，秋瑾的心早就平静下来，没了昨日的慌张。

秋瑾听到这些话，笑了一下，说："我马上安排你们转移！我呢，就留在这儿。革命不流血怎么会成功？你们见过有哪个国家的革命不曾流血的？我就来做那个为革命流血的中国女子第一人！"

说罢，便即刻安排剩下的人离开。

徐锡麟被逮捕后，徐锡麟的弟弟徐伟也被捕了。在清军的严酷刑罚下，软弱的徐伟最终透露了起义军的另一"主谋"秋瑾的所在地。

七月十三日下午，清政府军终于来到了大通学堂。

学堂内空荡荡的，没有一丝生气。尽管如此，清政府军队仍是将大通学堂里三层外三层地围了起来。

秋瑾独自一人坐在房间里，手握短刀，静待清军的搜捕。她明白就算挣扎也无济于事。

孙中山为秋瑾题词

浙江起义还未发起，秋瑾被捕。

清政府逮捕秋瑾后，在大牢中对她施加了各种酷刑，反反复复多次，企图从秋瑾的口中获取更多革命党人的名字。

被五花大绑的秋瑾面对着酷刑时，只一直紧咬嘴唇来对抗这可怕的痛楚。经过三次大审，秋瑾仍旧一言不发，最后只索笔写下"秋风秋雨愁煞人"七个大字！

清政府认为秋瑾的行为实在嚣张，且经过三审都无法得到任何有用的消息。

他们被这些革命党人吓得惊慌失措，于是匆忙下令在十五日将秋瑾施以斩刑。

清光绪三十三年（1907）七月十五日，天还没亮，遥远的天际还挂着两三颗闪烁的星星。

秋瑾正坐在一间单人牢房内，她仰头望向窗外。

这时，一队清兵走进来，站立在过道两旁。狱卒上前打开这个单人牢房的门，粗鲁地给她戴上笨重的镣铐。

随后，秋瑾挺直着脊背，缓缓走出牢门。那两列清兵紧跟其后，快步走出大门。

她抬头一望，远处的星星虽然已经消失，但两三束耀眼的光柱已从浮云中直直地射向大地。黑暗已经被撕开一丝缝隙。

秋瑾的嘴角露出一丝笑容。

大批的清兵举着火把，押着她往一公里外的轩亭口走去。

年仅三十三岁的秋瑾在轩亭口被处以了斩刑。

秋瑾以自己的实际行动，践行了自己当初加入同盟会时许下的誓言——"危局如斯敢惜身？愿将生命作牺牲！"

秋瑾的死唤醒了许多盲目蒙昧的人，他们没能如清政府所愿，被酷刑吓破胆，反而星星点点地从各地凝聚在了一起，最终形成一把燃料充足的火炬，点燃武昌，点亮了全中国。

几经辗转，秋瑾最终被葬入了杭州西湖孤山的西泠桥畔，实现了自己"面对故国湖山，埋骨西泠"的遗言。

那还是清光绪三十二年（1906），她刚从异地归国，在浔溪女校与徐自华结为挚友。两人时常一起共议革命，言笑晏晏间约定好"面对故国湖山，埋骨西泠"。

她比徐自华先走了一步。

秋瑾的生命，停留在永恒的三十三岁。

时间的流逝使得秋瑾似乎离我们越来越远，可事实上，秋瑾却住在了每一个杭州人的心中，每一个中国人的心中。在西泠桥附近留下巾帼英雄秋瑾像和风雨亭，供后人瞻怀。

秋瑾用自己的行动告诫世人，女子从来不比男儿差，她的事迹也使杭州这片土地成为了女子革命的先锋阵地，这是由一代代如秋瑾一般的优秀女性的力量聚集而成。

参考文献

赵尔巽等：《清史稿》，中华书局，1977年。
夏晓虹：《晚清文人妇女观》，作家出版社，1995年。
林逸：《清鉴湖女侠秋瑾年谱》，台北商务印书馆，1985年。
李芸华：《秋瑾传》，北京时代华文书局，2016年。

丛书编辑部

艾晓静　包可汗　安蓉泉　李方存　杨　流
杨海燕　肖华燕　吴云倩　何晓原　张美虎
陈　波　陈炯磊　尚佐文　周小忠　胡征宇
姜青青　钱登科　郭泰鸿　陶文杰　潘韶京
（按姓氏笔画排序）

特别鸣谢

楼含松　卢敦基　江弱水（系列专家组）
魏皓奔　赵一新　孙玉卿（综合专家组）
夏　烈　朱小如（文艺评论家审读组）

图片作者

于广明　王怡新　卢晓明　张国栋　姚建心
韩　盛　蔺富仙
（按姓氏笔画排序）